JIUYE ZENGSHOU QIANG HOUJIN

就业增收强后劲

国务院扶贫开发领导小组办公室综合司
国务院研究室农村经济研究司 ◎编

中国言实出版社

图书在版编目（CIP）数据

就业增收强后劲 / 国务院扶贫开发领导小组办公室综合司，国务院研究室农村经济研究司编. -- 北京：中国言实出版社，2020.12

ISBN 978-7-5171-3607-1

Ⅰ. ①就… Ⅱ. ①国… ②国… Ⅲ. ①扶贫－案例－中国 Ⅳ. ① F126

中国版本图书馆 CIP 数据核字（2020）第 233208 号

出 版 人 王昕朋
责任编辑 代青霞
责任校对 张国旗

出版发行 中国言实出版社
地　址：北京市朝阳区北苑路 180 号加利大厦 5 号楼 105 室
邮　编：100101
编辑部：北京市海淀区花园路 6 号院 B 座 6 层
邮　编：100088
电　话：64924853（总编室）　64924716（发行部）
网　址：www.zgyscbs.cn
E-mail：zgyscbs@263.net

经　销 新华书店
印　刷 北京中科印刷有限公司
版　次 2021 年 1 月第 1 版　2021 年 1 月第 1 次印刷
规　格 710 毫米 ×1000 毫米　1/16　16.75 印张
字　数 220 千字
定　价 68.00 元　ISBN 978-7-5171-3607-1

目　录

复工复产篇

创业兴业篇

劳务输出篇

扶贫车间篇

公益岗位篇

复工复产篇

就业稳得住　增收渠道宽

——农民工就业增收调查综述

毛晓雅

如候鸟迁徙，应季而飞。腊月返乡团聚，初春出巢远行，浩浩荡荡的农民工大军成为每年春天城乡间一道最具活力的风景。这一往复流动承载了亿万个农民家庭对美好生活的向往，也成就了我国现代化建设“大厦”的拔地而起。2020 年初，突发的新冠肺炎疫情却给这支流动的队伍带来了重重困难，企业开工不足，农民工返岗受阻，一季度经济出现了罕见的负增长……

2020 年 3 月 18 日，四川省雅安市芦山县出发的送工专车车队到达湖北境内的武麻高速红安收费站

办法总比困难多。从春到夏，国内抗疫措施愈发严谨有序，经济社会发展渐入正轨，从中央到地方、从政府到企业，上下齐力，共同保障农民工就业。到二季度末，农民工外出务工总量达到1.78亿人，已经恢复到2019年同期的97.3%。截至2020年7月底，全国新增返乡留乡农民工就地就近就业1300多万人。这组数字，代表着“向好”的希望和力量，背后凝聚了无数人的筹谋与辛劳。

可以看到，农民工就业环境整体改善的趋势和效应在一点点显露：农民增收形势好转，上半年农村居民人均可支配收入为8069元，名义增长3.7%，作为农民收入来源的大头，工资性收入功不可没。我们有理由相信，在各级政府持续给力的举措之下，农民工就业将持续向好，有望完成全年就业增收任务，确保全面建成小康社会质量和成色。

多举措稳岗拓岗 外出务工环境整体改善

既不能放松疫情防控，又要尽快恢复经济社会秩序。面对这道难解之题，各地各级政府用富有智慧的决策、有力的执行交出了一张张漂亮答卷。从中小企业最活跃的浙江开始，包专机、专车、专列“点对点”接农民工返岗；健康码从省内互认到跨省互认再到全国通行；劳务输出和输入大省迅速行动，一方面高效对接互通就业信息，另一方面逐步畅通交通运输，确保大多数农民工顺利踏上复工返岗之路。

人力资源和社会保障部开通了农民工“点对点”用工对接信息平台，动态更新企业开复工情况；公安、交通运输、卫生健康等部门成立了农民工安全有序复工“点对点”协调服务小组，及时协调跨地区返岗困难问题；线上就业招聘会持续开展，政府出钱出人确保新招聘员工到岗……一系列行之有效的举措打开了农民工返岗复工的

“通道”。

然而，返岗后能否留下来，关键还在于企业的开工情况和岗位需求。在广东东莞，外贸企业受国际疫情影响订单减少，部分企业农民工就业受到影响。但总体并没有出现规模性集中失业，加之一些企业迅速转变策略，生产口罩等急缺的医疗物资，或转战国内市场，业务量不减反增，给农民工就业提供了充足的岗位。

在全国范围内，进入三季度以来，整体经济运行好转，农民工就业环境也在逐步改善。这其中，国家密集发布的稳企援企政策发挥了重要作用。2020 年以来，国家综合运用“免、减、缓、返、补”等具体举措，上半年共减免企业基本养老、失业、工伤 3 项社保费共计 5769 亿元，失业保险稳岗返还 636 亿元，发放各类就业补贴 405 亿元，预计全年将为企业减负超过 2 万亿元。真金白银的支持对企业渡难关、稳岗位发挥了积极作用。

“在拓岗方面，我们优先发展吸纳就业多的生活服务业和劳动密集型产业，将吸纳农民工就业数量作为增加城镇建设用地规模的重要条件，全力以赴拓岗。”人力资源和社会保障部相关负责人说。

小商小贩、生活服务业等吸纳就业能力强的灵活就业模式也得到大力支持。国务院专门出台了《关于支持多渠道灵活就业的意见》，从放松限制、取消收费、场地支持等方面优化自主创业环境，支持农民工同等享受灵活就业支持政策，为他们在城镇地区灵活就业创造良好环境。

多部门扩大就业规模　挖掘就地就近就业潜力

尽管大部分农民工已经顺利返岗，疫情带来的影响仍不容忽视。外出务工农民工数量减少是不争的事实。有数据统计，二季度末外出务工农村劳动力同比减少496万人。无论是留乡农民工，还是返工后由于就业不顺利“二次返乡”的农民工，都需要通过就地就近就业稳定下来。

早在2020年3月，农业农村部、人力资源和社会保障部就印发了《扩大返乡留乡农民工就地就近就业规模实施方案》，通过“五个一批”增加就业岗位，即回归农业稳定一批、工程项目吸纳一批、创新业态培育一批、扶持创业带动一批、公益岗位安置一批。成效是显著的，农业农村部乡村产业发展司相关负责人介绍，截至2020年7月底，全国新增返乡留乡农民工就地就近就业1300多万人。其中除在本地企业就业及务农外，还有5%的返乡留乡农民工通过云视频、直播直销、民俗特类产业等新业态创业。

发展本地特色产业，挖掘农业就业空间，乡村就业大有潜力。在河南商丘，睢县的制鞋、电子两大劳动密集型产业成为吸纳“二次返乡”农民就业的“蓄水池”；夏邑县则通过发展特色农业，创办合作社或社会化服务组织，让现代农业成为稳岗增收的“充电宝”。

通过走访调查，河南、四川、湖南、甘肃等农民工输出大省，都没有出现大规模的农民工“二次返乡”，返乡人员大多都得到了合理安置。这与各地细致的就业指导服务密不可分。一方面，政府通过系统监测、大数据调度等手段，摸清返乡留乡农民工底数，了解本地用工需求，搞好用工信息对接。四川宜宾市建立的城乡充分就业动态管理信息库，能清晰地看到每一个农民工是否就业、在哪里就业等情况，通过“大摸底”掌握精准信息，提供精准的就业服务。另一方面，依托现有培训资源，通过互联网开展线上培训，提高转岗技能，帮助农民工向小店主、新农商、配送员、导游员等方向转岗。

支持农民工就地就近就业的政策持续加码。人力资源和社会保障部、国家发展改革委、农业农村部等15个部门近日印发《关于做好当前农民工就业创业工作的意见》，提出结合特色产业、农村中小型基础设施建设、灾后恢复重建等，将以工代赈劳务报酬资金占比提高至15%以上，落实好创业扶持政策，对首次创业经营满6个月的农民工先行发放一半一次性创业补贴，给返乡留乡农民工送上了实惠的政策“大礼包”。

优先保障贫困户就业　确保务工收入不减少

脱贫攻坚决战决胜之年，稳住务工收入是关键。据监测，建档立卡贫困户外出务工收入占其收入的59%，高出全国平均水平18个百分点。一人就业，全家脱贫。就业扶贫在2020年意义更加重大。据统计，截至2020年6月底，贫困劳动力外出务工2831万人，已超过2019年水平，总体好于预期。这源于从中央到地方对贫困户就业工作的重点保障。

在甘肃定西，政府不仅组织专车专列“点对点”“门对门”地把贫困劳动力输送到东部沿海城市务工，对留用时间长的给予现金奖励，还在市内鼓励用人企业、重大工程和政府基础设施建设项目等优先吸纳本市受疫情影响无业可就的贫困劳动力。在湖南株洲，“百人百企进百村”就业扶贫攻坚行动率先开启，政府协调100多家企业深入茶陵县、炎陵县等深度贫困地区，把招聘会开到乡村，把就业岗位送到劳动者家门口……

近几年贫困地区持续开展的产业扶贫工作为贫困户就业打下了良好基础。本着“优先”的原则，各地产业扶贫车间、扶贫龙头企业、合作社等优先复工复产，且优先吸纳贫困户，让贫困户实现了家门口就业，增收、顾家“两不误”。

脱贫攻坚进入冲刺阶段，就业扶贫丝毫不能懈怠。52个未摘帽贫困县、“三区三州”等深度贫困地区、易地扶贫搬迁大型安置区以及湖北等受疫情影响严重地区的贫困劳动力就业难度更大，是重中之重。为此，无论从项目资源、帮扶举措，抑或岗位投放、劳务输出等方面，需更加向这些重点地区倾斜，全力确保脱贫攻坚任务如期完成。

逆势增长是如何实现的

——来自四川省宜宾市的调查

高　杨　张艳玲

四川是我国劳务输出大省，2020 年上半年，全省农民工转移输出 2380.1 万人。从农民工就业情况看，宜宾市在四川全省具有较强的典型性和代表性，全市农村劳动力 234.23 万人，转移输出 160.68 万人，转移就业率 68.60%，农民工占全市农村劳动力的“大头”。

从统计数据看，上半年宜宾较为有效应对疫情导致的农民工就业难、创业难、外出难等困难，农民工输出人数同比增长 0.5%，实现了颇为不易的“逆势”增长；同时农民工资性收入增长 8%，带动农民人

宜宾“春风行动”直达运输车开展直达运输服务

均可支配收入快速增长。

疫情下，宜宾如何化危为机，实现“逆势”增长？近日，记者走进宜宾市叙州区、翠屏区、屏山县、临港经济技术开发区等地，用工企业、农民合作社和返乡农民工，深入了解实际情况，探究增长背后的原因。

摸清家底 呈现新变化
——农民工务工人数省内超省外趋势不断加大

通过宜宾市人社局城乡充分就业动态管理信息库，可清晰地查看到全市农民工就业情况。信息库每个数据背后，都对应着汇集的一条又一条海量农民工信息，可以具体查到每个人。

“底数不清，政出不明。从 2020 年 2 月 23 日以来，市委、市政府下大决心，集中时间、集中人员、集中精力，一个月内完成了城乡劳动力调查和数据录入工作。”市人社局相关负责人说。

通过“大摸底”，全市建立了“一本台账”、做到了“五个清楚”，即建立了城乡充分就业实名制网格化动态管理信息台账，做到了城乡劳动力就业情况、农民工三次产业就业、农民工就业区域分布、农民工就业意愿和企业用工需求、农民工就业动态变化五方面清楚。

相比城镇，对农村农民工摸底是难点。2019 年开始，宜宾为促进农民工就业工作，在市县乡村建立起四级农民工服务中心（站），触角伸到最基层。

摸底数据显示，全市转移输出农民工 160.68 万人，同比增长 0.5%，其中省内 81.77 万人、省外 78.91 万人。从 2019 年开始，宜宾农民工省内就业首次超过省外，二者相差 1.16 万人。2020 年受疫情影响，这一数字扩大至 2.86 万人，经过摸底，这部分人大多回到本市工作。

“一方面，沿海地区受疫情影响较大，出现用工减少或薪酬降低现象，另一方面，四川等内陆地区大量承接沿海产业转移，开始出现与沿海‘抢人’的趋势，尤其是有技能有经验的农民工。”市农民工服务和就业创业促进中心相关负责人分析。

从调查看，以宜宾农民工从事最多的制造业（44.5%）来说，省外月工资在5000—7000元，省内大部分有两三千元的差距，不论从收入还是工作习惯看，此前在外务工的农民工大多仍愿意走出去。

为帮助他们及时返岗就业，宜宾大力实施“春风行动”，32个春运志愿站服务1.45万名农民工，开通专车专列包机3016次输送4.86万人，为农民工提供健康证明90多万份。浙江、广东等省主动对接，由省市领导带队，专门派出工作组驻宜宾叙州区、翠屏区等农民工输出大区（县），提供便利。“我们与用人企业‘点对点’对接，要求他们不要盲目招工，农民工回去就要有岗位、有事做。”叙州区农民工服务中心相关负责人说。

由于反应快、动手早，用人供需双方有效对接，宜宾农民工输出并未受到疫情较大冲击，输出人数还实现了小幅增长。浙江首次超过广东，成为宜宾农民工输出最多省份（26.41万人，占33.51%）。

同时，宜宾在调查中发现一个问题，近年来全市农村劳动力总量呈下降趋势，老龄化加速，人口红利锐减。2019年农村劳动力资源同比减少7.46万人，减幅2.29%，主要原因是城镇化水平快速提升和农民工加速外流。

精准施策　解决新问题

——4235名“二次返乡”农民工再就业超80%

在宜宾，农民工被定位为战略资源，服务保障农民是一项战略性工程。由于提早意识到疫情将对农民工就业带来诸多困难，2020 年 2 月 21 日，宜宾印发市委“1 号文件”——《宜宾市促进农民工就业创业八条政策措施》，实施八项工程，给钱给政策、给岗给荣誉，甚至对购买商品房也有补贴，被农民工亲切地称为“农八条”。

在一系列政策支持下，宜宾抓住受疫情影响较小的有利因素，在 3 月份加速农民工输出，从分析图上看达到了短期峰值。进入 4 月份，受国外疫情影响我国沿海外贸企业订单减少、用工下降，宜宾农民工也开始出现“二次返乡”现象。

此时大数据再次发挥作用，宜宾“一对一”对接“二次返乡”农民工，每周形成报告。在第 21 期周报上，截至 8 月 6 日，全市“二次返乡”农民工累计 4235 人，占外出农民工的 0.26%，其中省外 3732 人，目前通过“六个一批”再就业 3412 人，占比 80.56%。

宜宾市临港经济技术开发区近几年主动承接从深圳、广州等地转移的人工智能、电子制造等高端制造业。从某种意义讲，疫情对开发区是一次机遇，不仅帮助其承接沿海订单，还吸纳了此前到沿海企业从事制造业的具有“同质化”特征的大量本地农民工。

在苏格通讯公司，从广东回来的 25 岁小伙张朝光由于之前打工的企业订单下降，他选择回到家乡，现在已经从一名普工升为包装线班长，能拿到政府返岗补助，还能照顾家人。他对现在的情况很满意。

在开发区，朵唯公司是用工最多的企业，抓住复工早的机遇，“抢”订单、扩产能。“公司从去年底的 1700 多人迅速增加到今年 3 月底的 3400 人，几乎翻番，大部分都是返乡农民工。招工时政府发挥了大作用，采取‘一县对一企’的办法，仅叙州区就招了 1400 人。扩产后，我们现在仍有 130 人用工缺口。”公司副总裁卢平说。

相比就业，自主创业难度则大得多，这在宜宾“二次返乡”农民工就业中仅占 3%。在刚脱贫的屏山县，正在紧张修建猪舍的刘汉东和吴延金两人在广东打工多年，受疫情影响回乡，想靠多年积蓄自己创业，“让人生冒点火花”。

“我们成立了合作社，为了支持我们创业，村里协调了养殖用地，协调了贴息贷款，这是以带动贫困户为要求的，村集体还以入股方式帮我们修建产业路。”刘汉东边抹汗边说，“我们现在正加紧施工，8月底前要入栏1500头猪，就能一次性享受30万元奖补。”

乡村是农民工就业的“蓄水池”，对返乡农民工有巨大的容纳功能。在宜宾“二次返乡”农民工中，有527人投身到乡村振兴中。“叙州‘二次返乡’且暂时没有就业意愿的有27人，我们一方面对他们进行技能培训，一方面开发公益性岗位做好兜底保障。”叙州区农民工服务中心相关负责人说。

增收有望，展现新成效

——上半年农民人均可支配收入名义增长8%

从统计部门数据看，2020年上半年宜宾农村居民人均可支配收入7605元，同比名义增长8.0%，其中经营性收入2908元，同比增长8%；工资性收入2685元，同比增长8%；转移性收入1847元，同比增长7.9%；财产性收入166元，同比增长7.5%。

“这个数字不算高，宜宾农民增收幅度上半年在全省排第五位。”市农业农村部门有关负责人说。从全省看，上半年农村居民人均可支配收入同比名义增长7.6%，其中经营性收入同比增长10%，工资性收入同比增长2.7%。比较而言，宜宾农民经营性收入同样增长较快，而工资性收入增速则明显快于全省。

在屏山县大乘镇岩门村，20年前回乡创业的张德兵如今领办起国家级农民合作社示范社和茶业公司，带动500多农户种植茶叶致富。

“疫情期间，政府让我们享受购农机50%补贴、用电80%补贴，还通过补贴将订单收购价提高30%。”这些政策吸引了刚从内蒙古返乡的李珑前来打工，他负责公司网店销售。网店从2020年3月至今已有25万元营业额。

宜宾鼓励像李珑一样从事电商销售、直播带货等新产业新业态的相关工作，这些不固定时间地点但有工资收益的就业，被统计到灵活就业中。在“二次返乡”农民工中，灵活就业的有1023人。

在政策助力下，2020年宜宾农产品普遍产量好、价格高，尤其是竹业、茶叶、生猪等特色产业发展较快，带动农民经营性收入上涨。长宁县拥有著名的“蜀南竹海”景区，疫情期间受影响较大。“当前乡村旅游恢复很快，景区虽仍有限流，但住宿餐饮等都已爆满。通过农旅融合，预计到年底园区能解决就业1600人以上，竹农人均增收2000元以上。”长宁县农民工服务中心主任夏梦说。

“从工资性收入看，虽然到省外打工收入高一些，但支出也比本地高。从可支配收入看，两者差不多，在宜宾各种保障还会好一些。”宜宾市人力资源服务中心副主任项德银说。

在南溪区普瑞斯生物科技公司，7月“二次返乡”的农民工张水霞和丈夫此前在广东做灯饰生意。“生意不好就回来了，我现在做灯检工作，一个月4000多元，老公做采购，整体收入和广东差不多，还能照顾两个孩子，就不打算出去了。”她说。

6月，四川省抓项目促投资现场会在宜宾召开。宜宾各县（区）与100家重点企业有效对接，达成共建劳务基地协议，每年可为2.5万人提供就业，大量项目投资也转化为农民工资性收入。从全省看，2020年上半年第一产业固定资产投资增长22.9%，成为一大亮点。

支柱产业带动　新兴业态助力

——来自河南省商丘市睢县、夏邑县的调查

石亚楠　范亚旭

2020 年 4 月 9 日，河南睢县潮庄镇胡寺村扶贫车间内，工人在一家制鞋企业车间工作

受新冠肺炎疫情影响，2020 年我国外出农民工“二次返乡”规模超过往年。这些返乡的农民工是否已找到合适的就业岗位，薪酬水平如何？当地政府又采取了哪些促进就业的帮扶措施，成效如何？近日，记者来到河南省商丘市，了解当地“二次返乡”农民工就业相关情况。

商丘市位于河南省东部，常年外出务工人员在百万人以上，是名

副其实的劳务输出大市。据商丘市人力资源和社会保障局提供的资料显示，截至2020年7月底，全市节后外出的农民工总量达158.25万人，累计返乡6.29万人，重新外出和市内就业4.82万人，动态回流总数与前两年数据基本持平。

该市人力资源和社会保障局负责人向记者表示，从数据监测情况看，全市农民工就业形势基本平稳，没有出现外出务工人员大规模回流现象，回流人员也已多数在市内就业，补充了市内企业用工缺口。

产业转移托稳就业“底盘”

商丘市下辖的睢县，近年来积极承接产业转移，制鞋、电子两大劳动密集型产业逐渐发展成县里的支柱产业，共有企业200余家，带动就业约3.5万人，是该县“二次返乡”农民工的就业“蓄水池”。

26岁的宋秋芳是睢县城郊乡莲池村人，5月份入职河南嘉鸿鞋业有限公司之前，七八年的时间都在广东、浙江等地打工，从事电子厂手机壳生产，月入五六千元。“厂里的手机壳之前主要用于出口。因为疫情，原材料进不来，出口也出不去。厂子里加班少了，工资也减少了，当地消费又高，思前想后就回来了。”宋秋芳坦言，家门口的工作离家近，消费也不高，一个月3000元，日子过得也殷实。

比宋秋芳早回乡一个月的张鹏选择了在金振源电子科技有限公司当一名保安，这位原来在江苏无锡从事加油站油罐保养和维护工作的退役军人，因为疫情期间业务量减少选择回乡就业。“外面的工作薪酬高，但家里的工作更踏实，当然有机会也会考虑再次外出务工。”张鹏说。

“受疫情影响，一季度我县外出务工人员主要聚集的部分企业，不同程度出现停工停产、减员减薪等情况，因而出现小波务工回流潮；但二季度随着疫情防控形势好转，企业复工复产加速，县域经济发展加快，‘二次返乡’人员大多已就近就业或再次外出就业。”睢县就业服务中心负责人告诉记者。

“今年 2—6 月，政府累计为公司减免所得税 147.4 万元，社保、水电费 64 万余元，并为公司提供了 70 万元稳岗就业补贴。”嘉鸿鞋业工会主席范高德说，政府的帮扶举措有力地推动了企业稳岗复产。二季度，全厂共接收返乡就业农民工近 20 人，未出现裁员情形，甚至一定程度还存在“招工难”的问题。“年轻人的就业意识变了，对职业发展、工作条件和自我价值实现要求更高，流水线的工作让他们觉得乏味。”

在另一个下辖县夏邑，河南健锋帽业有限公司在疫情期间开始了艰难转型。由于外贸订单大幅缩减，帽子在出口转内销的同时，公司董事长陈前军也在思索如何让员工稳就业保收入。“帽子和口罩的生产工艺相仿，转型快，而且口罩在国内外都是紧俏品。”陈前军仔细调研了美国市场的口罩行情，选择了更加畅销的款式，现在他们的口罩供不应求。

22 岁的王永放是王集乡草场村人，疫情前在深圳一家电子商城从事产品销售，2020 年 6 月底返乡后，他经朋友介绍到健锋帽业公司，成为口罩车间的一名工人。他告诉记者，原本村里还有 3 个和他年纪相仿的年轻人在外务工，现在回来了两个。“每天上午 7 点半上班，下午 6 点下班，离家也挺近，计件工资月入近 3000 元，生活水平没比从前差多少。”

据夏邑县人力资源和社会保障局提供的数据显示，受疫情影响全县“二次返乡”共 3392 人，其中 1423 人重新外出就业、1042 人就近就业、927 人居家就业。

现代农业激发就业潜力

在夏邑，发展特色农业产业，创办农民合作社，依托农业社会化服务机构，培育电商物流等新兴业态，为“二次返乡”农民工创业就业提供了渠道。现代农业，正成为农民稳岗增收的“充电宝”。

北岭镇刘集村村民卢峰是一个郑州“老基建”，外出务工10余年，因为疫情他转行成为“新农人”，承包了5亩地，建起了蔬菜大棚，种起了黄瓜。“一个大棚能产10万斤黄瓜，预计年收入12万元左右，我和我媳妇俩人还雇了一名工人帮着打理，收入还算可观。”卢峰坦言，转行从事农业，是因为对政府的帮扶有信心，两个月前政府协调金融机构为他提供了10万元小额贷款，还邀请寿光的农业专家现场指导，目前蔬菜大棚长势良好，黄瓜市场行情不错。

2020年，夏邑县人力资源和社会保障局加大对返乡农民工创业担保贷款支持力度。截至7月底，已发放小额担保贷款485笔共计5925万元，支持485名农民工返乡创业，带动1697名人员就业。

35岁的李慢就是这批小额担保贷款的受益者之一。记者来到位于何营乡的电商产业园，李慢正忙着在淘宝直播间介绍她家制作出售的装饰画。“之前在嘉兴做羊毛衫生意，因疫情出不去就干脆在家搞电商。现在开店两个多月，雇了十几个工人，销售额正在逐步增加。”李慢目前已有近7万个粉丝，每天30多单的业务量让她信心满满。

而胡桥乡王集村村民吴长伟从浙江台州务工返乡后，成为一名土地托管员，服务于金丰公社，月收入4500元，与外出务工收入基本持平。据了解，金丰公社现有社员6000余名，是主要从事农业托管的社会化服务组织。2020年以来，金丰公社共为全县10万亩小麦、5万亩玉米等作物提供打药服务。

返乡农民工的快速转型离不开专业技能培训。睢县为返乡农民工量身定做培训“菜单”，依托县职教中心等培训机构，开展不同业态、不同群体的就业创业培训，并提供培训补贴。

8月上旬，杨曼曼参加县里免费提供的小儿推拿专业培训，课程为期8天。7年前，她在浙江杭州打工，从事日化店美容顾问工作，月收入有三四千元。“因为疫情出不去，孩子小也需要我照顾，我就回来了。学点小儿推拿技术，一方面照看孩子用得上，另一方面小儿推拿在社区保健店都有用工需求，工作不难找。”杨曼曼说。

培训学校招生办主任霍海霞说：“政府提供了就业创业的培训补贴，培训全程免费，培训合格又有资质证书，大家积极性很高，再加上家政、妇幼保健这些行业就业前景不错，二季度我们举办的10余个培训班共培训了200余人。”

破解难题夯实民生之本

就业问题事关百姓民生，尽管“二次返乡”农民工在产业转移中找到了寄托，在现代农业发展中获得了机遇，但是失业问题仍然存在，在任何时候都不能懈怠。

“市内安置就业压力进一步显现。”市人社局负责人补充，通过近3年数据比对，目前商丘市有10.2万人由原先从事的建筑业、制造业转入保安、保洁、家装零工等收入较低的行业，市域内安置就业和劳动收入两方面压力加大。

“就睢县而言，产业发展仍处在中低端，二元结构下就业不平衡、流动不顺畅矛盾依然存在，创造充分高质量就业机会还需付出艰苦努力。”张琦坦言，随着人工智能技术快速发展，加之劳动力市场普通工人难招，一些企业加快推进“机器换人”，重复性、流程性工作岗位数量大量减少，部分劳动者不可避免面临转岗求职甚至下岗失业。

据悉，当前河南省已制定《河南省预防应对农民工大规模返乡回流风险预案》，加强对登记失业人员、人力资源市场、失业动态、重点企业用工等情况实时监测，帮助农民工在失业地享受失业保险待遇和临时生活救助，及时化解回流风险，稳定农民工就业形势。

市人社局负责人介绍，针对“二次返乡”拟外出人员，商丘将通过村级协理员、帮扶人员、基层就业服务工作平台以及QQ、微信群等及时与农民工“点对点”对接，适时收集推送市内外适宜的用工信息，指导有需求农民工选择合适的就业岗位，帮助其有针对性地外出就业。

“下一步，我们将完善‘夜市经济’模式，联合城管等部门合理规范无固定经营场所摊贩，鼓励县内剩余劳动力通过临时性、非全日制、季节性、弹性工作等灵活多样形式实现就业创业，进一步拓宽就业创业渠道。”夏邑县人力资源和社会保障局负责人说。

政策凸显灵活　就业各得其所

——来自湖南省株洲市的调查

吴砾星　高　飞　高　建

受新冠肺炎疫情影响及外贸冲击，我国东部沿海地区部分产业链条接续不畅，一线用工需求减少，城镇服务业吸纳劳动力仍处恢复阶段，导致部分返乡农民工未能及时返岗就业，给农民工增收带来较大不确定性。

湖南作为劳务输出大省，返乡农民工稳岗就业问题解决得怎么样？当地政府如何落实中央“六稳”“六保”要求，采取了哪些措施稳就业、

2020 年 3 月 18 日，湖南省株洲市芦淞区人社局为辖区企业组织返岗专车提供“点对点”直达服务

保民生？记者赴湖南省株洲市及下辖茶陵、炎陵两县（均为国家扶贫开发工作重点县）调研，摸底调查当地返乡农民工稳岗就业情况。

据株洲市相关部门统计，截至2020年7月底，株洲市农村劳动力失业返乡人数4344人，现已实现再就业3797人，其中单位就业1063人、自主创业230人、公益性岗位安置163人、灵活就业2341人，剩余未就业547人，主要集中在照顾家人、修葺房屋或参加技能培训等。

从调研情况看，株洲市统筹疫情防控与经济社会发展，高度重视返乡农民工稳岗就业工作，通过创建就业扶贫车间，增加就业岗位，大力扶持水果、茶叶等特色农业产业，拓宽就业空间，采取“百人百企进百村”等多项政策措施，妥善解决农民工稳岗就业“痛点”，较好实现了稳就业、保民生的目标和任务。

“合作社＋扶贫车间” 就近就地“消化”返乡劳动力

“还是在家工作好一点嘞！不用租房住，吃饭也不用愁。”一脸拘谨却始终面带微笑的龙玉丽对记者说。今年58岁的龙玉丽，目前是株洲市茶陵县康成庄园茶叶种植合作社的一名采茶工人。返乡工作之前，她一直在广州花都区打工，以擦皮鞋为业，工资收入不高。2020年3月，当她回到广州，却发现原有工作难以为继，年龄偏大又没有其他技能，无奈之下再次回到家乡。

正当她为生计一筹莫展之时，合作社理事长刘雪文伸出了援手，请她到合作社做采茶工人，旺季每月工资可以拿到4500元，比在广州打工收入还要高，而且还能照顾家里。

在刘雪文看来，为龙玉丽解决一份工作，得益于政府的好政策。2020年，株洲市鼓励扶贫车间、扶贫基地、合作社等扶贫载体放宽学历、技能、年龄等招聘条件，为贫困劳动力和返乡农民工开发就业岗位。

在炎陵县柳山村靖麒制衣厂扶贫车间内，刚加工好的童装成品等待装运出货，近百台缝纫机正高速运转，忙碌的缝纫女工熟练地缝制着衣物。正在缝纫机前工作的李清秀，是周边村的贫困户，丈夫在家务农，两个小孩上学不在身边，除了每个月 2000 元的收入，车间还包吃包住，这让李清秀的生活压力减轻了许多。

这个扶贫车间是广东佛山一家企业在当地设立的，厂长姚江艳介绍，作为以出口美国成衣为主的加工厂，今年受到新冠肺炎疫情等因素影响，外贸订单数大幅减少。

“通过灵活调整员工工作时间、外贸订单转内销的方式，我们这里没有一个员工失业，员工收入也没有受到太大影响。”姚江艳说，国内市场需求量很大，虽然行业竞争激烈，但是他们对扶贫车间有信心。

据介绍，截至 2020 年 8 月底，株洲市建成扶贫车间 51 家、扶贫基地 33 家，开发就业岗位 4320 个，吸纳 1775 名贫困劳动力就地就近就业。

以产业项目为依托　放大新型经营主体带动就业能力

这两天炎陵县中村瑶族乡平乐村一片繁忙景象，一筐筐黄桃从山上挑了下来，经过分拣、装箱后，由经纪人装车运出大山。在村里一个黄桃收购点，年近 70 岁的村民旷大娘正熟练分拣着黄桃。当记者问她收成怎么样时，旷大娘笑着说，今年村里黄桃获得了大丰收。

“黄桃一亩，脱贫一户。”在中村瑶族乡的村民看来，黄桃不单是“脱贫果”，更是致富的“摇钱树”，经过几年俏销市场，村民的钱包鼓了起来，一幢幢“黄桃楼”、一辆辆“黄桃车”，让大山里的村民得到了满满的获得感。

“有了黄桃种植，村民陆续从外地返乡，外出打工的越来越少，全乡近六成村民从事黄桃产业，2019 年综合产值近 4 亿元。”中村瑶族乡副乡长盘闻说，黄桃这几年迅速发展的原因，除了当地有种植黄桃的传统，党的扶贫政策才是黄桃快速发展的关键。

“资金跟着穷人走，穷人跟着能人走，穷人能人跟着项目走，项目跟着市场走。”株洲市农业农村局产业扶贫办相关负责人说的“四跟四走”不是简单的总结，近年来株洲选择项目发展前景好、潜力大、效益高、规划科学、方案可行的项目，依托自筹资金投入大、贫困人口参与度高、利益联结紧密的新型经营主体，遴选了优质企业发展特色产业，带动当地群众就近就业。

湖南万樟园林集团有限公司地处株洲市茶陵县，是一家以珍贵树种、特色水果、农业休闲观光等为主业的农业公司。目前，公司已流转土地 6 万多亩，园区务工人员达 2000 多人，随着公司不断发展壮大，增加劳动力的需求尤为迫切，恰逢农民工因疫情返乡，公司一次性提供 600 多个岗位，大大缓解了当地就业压力。

据株洲市农业农村局相关负责人介绍，株洲市着力提高新型经营主体规模和质量，通过产业扶贫基金向龙头企业和合作社等新型经营主体倾斜，激励经营主体就近吸纳贫困劳动力就业。

定岗招聘与技能培训相结合
增强返乡农民工再就业能力

春节过后，面对疫情影响，30 岁的密金梅充满了焦虑和无奈。作为常年在广东外贸企业打工的农民工，她每个月工资有四五千元，多年来已经习惯了春节前返乡、春节后回城的生活轨迹。然而疫情发生后，密金梅所在的工厂由于订单减少、企业效益不好，出现运转困难，不得已解雇了一批普工，留下的工资待遇也大幅下降。收入的降低使她难以在城市立足，不得不返乡回家。

刚回到家乡，密金梅没有工作也没有收入。就在这时，村里的招聘会引起了她的注意。县里的工业园区正定岗招聘返乡农民工，她的条件很符合岗位要求。虽然工资没有广东高，但县里的生活花销也低，很合她的心意，于是她很快应聘到园区晶彩电子厂开始了新的工作。

“把招聘会开到村里，放在群众家门口，从今年3月开始，我们已经在各乡镇开了17场招聘会，引导企业进村招聘，让返乡农民工‘零距离’找工作，最大限度解决返乡农民工就业问题。”茶陵县就业服务中心相关负责人说，这些招聘会正是株洲在全国率先组织开展的“百人百企进百村”就业扶贫攻坚行动。

这个行动整合市县人社部门、驻村工作队等力量，由市人社局党组成员分片包点、挂牌督战，派出5支共计100多人的攻坚小分队，协调100多家企业，深入茶陵县、炎陵县等深度贫困地区，把招聘会开到乡（镇）、村，把就业岗位送到劳动者家门口。

截至2020年8月底，已在全市76个乡镇（街道）召开了现场招聘会，辐射乡村（社区）1600余个，参加企业1473家，提供岗位7.98万个次。参加招聘会的人数达1.84万人，达成就业意向人数为6953人，其中贫困劳动力1798人。

并非所有农民工都像密金梅一样能在短时间内找到工作，茶陵县严塘镇严溪村王娟华就经历了不少曲折。3年前，贫困户王娟华在人社部门了解到就业扶贫相关政策后，报名参加了就业扶贫培训中式面点专业，经过为期一个月免费就业技能培训后，开办了自己的包子铺。虽然之后经历了家庭变故，但她仍凭借自己的工作经验，入职一家餐饮企业并很快当上了门店店长，月工资近6000元。

“家乡没有发达地区的工作机会多，许多返乡农民工也没积累核心技能，再加上年龄偏大，缺乏市场竞争力，让农民工掌握一项技能显得尤为重要。”株洲市人社局就业服务中心副主任成沁洪说，全市开展了专门针对农民工群体的技能培训，主体涵盖农村新成长和拟转移就业农民工、在岗农民工、农业职业经理人等，目的就是让更多劳动者特别是农民工长技能、好就业。

东西劳务协作　输出返乡双稳

——来自甘肃省定西市的调查

焦　宏　鲁　明　刘　杰

2020 年，新冠肺炎疫情给贫困劳动力务工就业带来较大压力，贫困家庭稳定增收、巩固脱贫成效面临较大挑战。劳务输出大市甘肃省定西市坚持把增加就业作为最直接有效的脱贫方式，科学研究制定政策，深化扶贫协作，从稳定外出、承接返乡、就近就地就业等方面做好贫困劳动力返岗就业工作。目前，全市已输转城乡富余劳动力 70.32 万人，其中输转建档立卡贫困劳动力 25.38 万人，就近就地就业 20.29 万人，为打赢脱贫攻坚收官战奠定了坚实基础。

外出务工者留得下、干得好、收入稳

定西经济基础相对薄弱，脱贫攻坚任务繁重。“220 万农村人口中，劳动力有 130 余万人，其中富余劳动力有 70 余万人。这些富余劳动力每年都要靠外出打工赚钱。”定西市劳务办相关负责人说，疫情发生后，定西及早部署，“点对点、一站式”组织农民工返岗就业。2020 年 2 月 19 日，定西市制定出台了《关于组织做好新冠肺炎疫情防控期间以东西部劳务协作为重点的农村劳动力有序外出务工就业的通知》，有序组织贫困劳动力赴福州返岗务工。

2 月 21 日，来自安定区石泉乡上川村的建档立卡贫困户张努杰和

519名务工人员（其中建档立卡贫困户390人）乘坐首趟复工高铁专列到福州。如今，他在福州兆元光电厂工作已近6个月，“平均每月能赚4600—4800元，有的时候能到5000元，我很满意。”张努杰说。

“2月25日，定西市召开劳务输转促脱贫攻坚工作推进会议，制定出台了《关于有效应对疫情促进城乡劳动力转移就业的若干措施》等‘1+6’政策措施文件。”市政策研究室相关负责人说。在脱贫攻坚关键时期，定西市坚持把贫困劳动力组织化输转作为转移就业的关键性举措，按照“政府主导、市场补充”的原则，制定一系列“硬核”举措，以东西部扶贫劳务协作支持贫困劳动力赴福州返岗务工就业为重点，采取包乘免费高铁专列、包客车、包列车车厢等“点对点、门对门、一站式”的方式，科学有序组织城乡劳动力返岗务工，共发送高铁专列6列、普通火车专列1列、包列车车厢18节、包客车247辆，向福州、新疆、浙江、江苏等地输送劳动力14173人，输送建档立卡贫困劳动力6387人，让贫困群众“出家门、上车门、进厂门”，有效帮助

2020年2月21日，甘肃定西务工者乘坐的“复工专列”抵达福州火车站

贫困劳动力返岗就业、务工保收。

“最近我对接的企业增加了生产线，岗位急用人，今年政府组织输转的力度较往年大，连我都招不到人。”定西市优职招聘人力资源有限公司负责人雪辽军最近很头疼，他给江西一家公司代理劳务招聘，急需招聘1000人，几天下来才招了20人。

在定西陇西县通安驿镇劳务工作站，记者看到电子显示屏上滚动显示劳务输转“百企万岗”信息表，福州市连江县一家企业招聘操作工50名，月收入3500—4500元，联系人是陇西县派驻福州连江县的劳务专干张妍，同时显示另一家企业招聘10名操作工，月收入可达5800元。“现在发愁的是招不到合适的人，能出去务工的都送出去了。”工作站劳务专干张志文说。

陇西县劳务办相关负责人介绍，目前全县共联系“百企万岗”复工用工企业288家，提供工作岗位29589个，已输转劳动力12.93万人，其中输转贫困人口4.41万人。东西部扶贫协作劳务输转619人，其中建档立卡贫困劳动力596人。

“为了能让定西籍务工者在福州企业留得下、干得好，福州市针对东西部扶贫劳务协作出台了务工补贴政策，定西建档立卡贫困人员首次去福州就业的，发放1500元生活交通补贴；连续就业满3个月，发放3000元岗位工资补贴；稳定就业连续满6个月，再补贴9000元。”市劳务办相关负责人说，自2017年东西部扶贫劳务协作开展以来，定西累计向福州组织输转贫困劳动力15297人次，其中建档立卡贫困劳动力10327人次，直接带动2万多名贫困人口脱贫。

返乡回流者有业就、有钱挣、能脱贫

8月是定西夏菜收获的季节，在安定区香泉镇润鑫蔬菜保鲜库，每天收菜、拉菜的车辆来来往往，吆喝叫卖声此起彼伏。在这里记者见到了刚刚工作7天的贫困户马金龙。

马金龙38岁，是安定区香泉镇陈家岇村一社村民，之前他和妻子在甘肃天水市甘谷县一个乡镇上开了4年拉面馆，每年收入3万—4万元，房租7500元。

2020年春节夫妻俩回家过年，不料一场疫情将拉面馆的开张时间延期到了4月。“两个多月没开张，开张后吃饭的人又少了，赚的钱还不够交房租，于是我和老婆决定关门。”马金龙说。6月，夫妻俩从天水回到了老家，在保鲜库干起了垃圾清扫工作，每天有150元收入；妻子在周边菜地打零工，一天能赚100多元。

作为劳务输出大市，定西坚持“就业服务不打烊，网上招聘不停歇”，广泛收集省内外企业用工信息，全面推广应用农民工“务工二维码”，使劳动力足不出户就能获取就业信息。截至2020年8月底，共举办各类招聘活动17场次，304家用人单位发布岗位需求1.57万个，达成就业意向2880人。

此外，定西还切实抓好培训服务。“从贫困劳动力现状出发，通过整合资源、政府下单、农民点菜、部门主厨的模式，定西积极开展职业技能培训，与产业扶贫深度融合，与就业创业良性互动。”承担就业培训的市理工中专副校长李斌说，目前已完成农村劳动力培训3.56万人，其中建档立卡贫困劳动力1.88万人，线上培训参与人数超17万人次。

与马金龙相比，黄瑰返乡的时间更早一些。黄瑰54岁，是安定区葛家岔镇康乐村村民，2016年他返回家乡，并于次年在区亿联商贸城开了一家地板销售门店。2020年受疫情影响，黄瑰的店3个月无法正常经营。4月10日正式开业后，到店的顾客也比往年少了。

正当黄瑰为了周转资金发愁时，他在手机上看到了定西人社创业担保贷款的公告，于是申请了 15 万元创业贷款。“这笔钱让我在困难的时候看到了希望，下一步打算先把生意盘活，再想办法赚钱。”

在受疫情影响的特殊时期，定西狠抓兑现，积极落实各类就业扶贫奖补政策。截至目前，全市共发放创业担保贷款 3.65 亿元，吸纳带动就业 4138 人。据了解，定西市目前返乡回流的有 1881 人，其中建档立卡贫困户 1018 人，通过“一对一”帮扶，已有 1225 人二次就业。

灵活就业者离家近、活儿好找、得现钱

每天早上四五点钟，在安定区西岩路和永定中路交叉口，近百名务工者陆续来到这个自发的劳务市场临时找活儿干，当有临时用工的招工车辆来时，揽活儿的人马上围拢上去问价格。

刘芳（化名）是安定区鲁家沟镇小岔口村村民，丈夫身患疾病，儿子正在考研，刘芳无法外出务工，每天到这里找些零工干。“现在主要做些收芹菜的活儿，每天 150—200 元，有合适的就去做。丈夫身体差，在一个单位看门，每天能有 180 元收入。”刘芳说。

记者早上 6 点多来到劳务市场时，大部分人已经找到活儿走了，留下徘徊的都在等价格更好的雇主。

“为了让出不去的人找到活儿干，定西鼓励就近就地务工。”定西市劳务办相关负责人说，定西要求市内用人企业、重大工程和政府基础设施建设项目等优先吸纳本市受疫情影响无法离乡、无业可扶、无力脱贫的贫困劳动力。截至 2020 年 8 月底，全市农民合作社、家庭农场、农村电商、餐饮服务业等各类生产经营主体共吸纳带动 10.76 万人就业，其中建档立卡贫困劳动力 6.54 万人；市内企业、在建工程项目吸纳本地务工人员 9.53 万人，其中建档立卡贫困劳动力 4.23 万人。

面对疫情给建档立卡零输转家庭带来的影响，定西深挖自身潜

力，积极开发公益岗位。以通渭、岷县两个未脱贫摘帽县为重点，统筹开发乡村道路维护员、乡村保洁员、乡村绿化员、全域无垃圾管理员等就业扶贫公益性岗位，安置建档立卡零输转就业家庭成员就业。今年新开发岗位7937个，其中临时性乡村公益性岗位2361个，共带动23454户建档立卡贫困户年增收6000元。同时，积极推进“爱心发屋”理发员试点工作，已在全市挂牌运营1646家。4月，香泉镇陈家山三社的建档立卡贫困户马飞虎成功应聘上了爱心理发员的职位，每个月能有500元收入。

在陇西县晨鑫源扶贫车间，有一条特殊的制衣生产线，生产线上136名就业者都是“陪读家长”。

“现在有很多这样的人，他们除了在城里照看上学的孩子，大部分时间是闲着的。扶贫车间根据订单数量灵活设计他们的上班时间，让这些陪读家长根据自身情况选择上班时间，计件结算工资。”扶贫车间负责人汪有明说。

临近中午，记者在车间里见到了莫润红和她的两个孩子。“以前我出去打过工，现在结婚生了俩小孩，出不去了。在扶贫车间上班，能照顾孩子，每个月还有两三千元收入。”莫润红说。

“定西市坚持把扶贫车间作为吸纳贫困劳动力特别是滞留劳动力就近就地就业的重要载体，依托全市中药材、畜草、马铃薯等特色优势产业，整合各类资源，动员各方力量，大力推动‘扶贫车间’建设。”市政策研究室相关负责人说。截至2020年8月底，全市累计创建扶贫车间296家，2020年新建57家，已复工复产294家，复工复产率达99.3%，共吸纳带动就业10093人，其中建档立卡贫困人口3790人。

公共服务搭平台　精准对接惠民生

——来自广东省东莞市的调查

李丽颖　付　伟

2020年端午节前，受新冠肺炎疫情影响，在广东东莞打了17年工的吴桂春决定回老家，临走前他在东莞市图书馆留言簿上写下了恋恋不舍的真情告白："虽万般不舍，然生活所迫，余生永不忘你。"这段离别感言在网络迅速走红，使得东莞庞大的农民工群体再度成为公众关注的热点。

幸运的是，在东莞有关部门努力协调和迅速反应下，端午假期尚未过完，吴桂春已在一家物业公司重新就业。东莞作为制造业大市，还有千千万万个"吴桂春"。新冠肺炎疫情之下，东莞制造业受到冲击，在这里务工的百万农民工境况如何？东莞采取了哪些措施让更多像吴桂春一样的农民工群体稳定就业？记者深入东莞各企业，对农民工群体进行走访调查。

外贸型企业农民工就业受到影响
但没有出现集中规模性失业

"东莞塞车，全球缺货"，东莞的外贸业地位在全国举足轻重。国际疫情持续蔓延，海外订单大量减少、暂停和取消，东莞数量众多的外贸企业也受到较大影响。只做国外市场的东莞澳岸鞋业有限公司，上半年订单锐减40%，工厂8月后的订单仍不明朗。工作人员伍春燕告诉记者，目前工厂缓产养工人，生产线员工一周双休，几乎不用加班。

企业的经营困境也传导到就业市场，澳岸鞋业虽然没有辞退一名员工，但很多工人因为薪资问题主动离职了，工人总量比去年减少了10%。来自湖北监利县朱河镇的吴运琼是公司的工艺工程师，3月20日返岗后，第一个月工资3500元，随后涨到4000—5000元，妻子陈华莲是厂里的技术员，两人住在厂里提供的夫妻房，对目前的工作和薪水还比较满意。

吴运琼所在的朱河镇很多人都在制衣、制鞋企业工作，他告诉记者，目前厂里保底工资3500元，和以前比差距很大。过去旺季时，一个熟练的计件工每月能收入一两万元，春节后有很多同乡没出来打工，拿惯了高工资，大家都在观望。记者在几家企业走访了解到，疫情提高了企业运营成本，农民工又要求工资持平或适当提高，双方难以谈拢，间接增加了农民工就业难度。

而生产防疫物资和医药医疗救助物资的外贸型企业则加班加点，大幅度扩大生产规模，生意非常红火，也吸收了一些农民工重新上岗就业。主要生产无纺布材料的东莞欣意医疗保健制品厂，及时调整生产方向，转型生产防护口罩，入选国家“战疫”物资生产商名单，不仅为企业带来了新的发展机遇，更让工人端牢了饭碗。

与此同时，积极开拓国内市场的一些企业也在逆势上扬。东莞超业精密设备有限公司人事主管刘斌介绍，由于企业订单增加，用工总量也持续增加，仅7月份就新招了300多名工人。为稳定就业，今年3月和7月企业已进行了两次调薪。即便如此，企业仍有100多人的用工缺口。

金田纸业是亚洲最大的灰板纸生产基地，其中仅东莞基地用工量就在1900多人。行政经理申雪萍告诉记者："今年初的问题是农民工被疫情耽搁不能及时回城上工，企业又找不到熟练工。现在的情况是企业招不到满意的工人，农民工也找不到满意的工作。"制造业对新一代农民工越来越失去吸引力，年轻人不愿意在工厂流水线工作，更愿意从事外卖、快递、中介等新兴服务行业。制造业工人流动性很大，在记者走访的多家制造业企业，员工年离职率达50%—60%。今年4月份东莞求人倍率1.12，市场需求人数略大于求职人数，总体供不应求。

根据东莞市人力资源和社会保障局提供的数据，截至2020年6月底，东莞全市实名制就业登记496.6万人，同比下降1.81%。3月以来，全市总体用工数量呈连续上升态势，企业基本恢复正常生产，目前没有出现农民工规模返乡情况。

公共就业服务均等化　多策合力稳定农民工就业基本盘

东莞作为制造业大市，人力资源市场活跃。为帮助农民工找到合适工作，东莞建立市、镇、村三级公共就业服务平台，劳动者前往平台登记就可被推荐合适岗位，通过数据库快速精准匹配，为其免费推荐工作。能帮吴桂春迅速找到合适工作，东莞打造多年的公共就业服务体系是关键，仅村一级公共就业服务平台就有587个，提供常态化公共就业服务，各类人员能很方便地在就近的镇和村找到工作。

吴桂春感慨地说："在东莞没有外地人。"这正是东莞对待外来务工人员的态度。通过改革失业登记制度促进公共就业服务均等化，东莞实现了户籍人员和非户籍人员失业登记的统一管理、服务均等。建立健全岗位储备机制，高效、精准促进供求对接。

疫情期间，东莞市人力资源与社会保障局加大了岗位储备力度，每周收集岗位信息2万个左右，当遇到有劳动者求职时，可以迅速从数据库中调取匹配。开展就业服务专项活动，制定发布了“2020年东莞市公共就业月历”，结合线上线下服务模式统筹开展活动，做到了时时有服务、月月有活动。今年以来，积极举办线上招聘服务，共组织48场“春风行动”和复工复产专场招聘会，促进就业1.79万人次。

提高农民工就业率，仅仅从劳动力一端发力是不够的，市场主体依然是企业。稳就业首先要稳企业，只有企业运转顺利，才会有新的就业岗位产生。东莞先后推出“助企撑企15条”“稳外贸20条”“暖企行动”等“莞版”针对性稳企措施。2月底，东莞在全省率先完成社保退费，上半年为企业减免社保费近94亿元，延缴超过27亿元。

东莞实施的援企稳岗补贴政策背后是真金白银的投入。对于不裁员或少裁员的参保企业，按企业及职工上年度实际缴纳失业保险费总额的50%给予稳岗补贴；对存在暂时性生产经营困难且恢复有望、不裁员或少裁员的参保企业，返还标准可按6个月当地月人均失业保险金和参保职工人数或6个月企业及其职工应缴纳社会保险费50%的标准确定。

疫情期间，东莞人社部门组织专车专列，“点对点”接回3.2万名员工返莞；成立5支招工突击队，组织企业赴江西等9省开展招聘；组建12个用工服务组，安排就业服务专员，帮助重点企业解决用工需求。此外，东莞创新性推出“共享员工”模式，全市约2万名员工实现调剂共享。今年上半年东莞市就业形势整体保持稳定，1—7月城镇新增就业达到4.98万人。

东西协作高效精准就业　以民生就业带动脱贫增收

在东莞大岭山镇新洲有限公司的手工艺车间，53岁的杜兴举正熟练地折着纸盒。他是来自云南昭通的贫困户，左眼受伤，家里还有 3 个念书的孩子，生活的重压让他愁得“晚上都睡不着”。“像我这样的年龄和身体，能找到这份工作，每个月挣的钱够养活一家人，我很满足了。”杜兴举说。

千里结缘，精准施策。杜兴举是东莞与昭通间开展东西协作劳务扶贫的一个实例。就业扶贫，是增加贫困家庭收入最直接、最现实、最有效的途径。“我们建立了五大机制：年度联席会议制度、县镇对接转移就业机制、岗位信息收集发送机制、技工教育扶智机制、校企合作机制。”东莞市人力资源服务中心相关负责人说，这些机制有效推进了两地劳务协作。

东莞 33 个镇街（园区）人力资源与社会保障分局与昭通昭阳区、鲁甸县、巧家县、镇雄县、彝良县、威信县等 6 个县区人社局构建了“一对多”县镇对接帮扶机制，实现每个县区至少有 4 个镇街（园区）帮其开展劳务输出，最多一个县有 7 个镇帮扶。为进一步加强两市劳务人才协作，两市人力资源与社会保障局围绕脱贫攻坚重点工作，签署了对口帮扶劳务协作协议。

“政府精准对接，但要让劳动力就业，最终要充分调动市场力量。”市人力资源服务中心相关负责人说，通过动员协调，不少企业主动腾出适合的就业岗位。东莞对吸纳昭通建档立卡贫困劳动力稳定就业 6 个月的用人单位，按每人 5000 元给予一次性补贴，鼓励企业吸纳昭通籍贫困劳动力。

贫困户吴维奇年幼时患重病，导致驼背、视力弱、右手关节不灵活，鉴于其身体情况特殊，多家企业不愿录用。经多方协调，新洲印刷有限公司留用他，如今吴维奇每月能挣 3000 多元。老家的房子也翻新了。公司先后招收昭通威信县贫困劳动力 160 人，其中残疾人 20 名，50 岁以上就业困难人员超过 80%。

数据显示，截至2020年5月底，在东莞登记有效就业的昭通籍务工人员13439人，其中建档立卡贫困劳动力3862人；2020年新到东莞就业的2127人，其中建档立卡贫困劳动力822人。一人就业，全家脱贫。东莞通过开发岗位、精准对接、加强培训，助力越来越多贫困户走上工作岗位，依靠自己的劳动告别贫困生活。

对很多外来务工人员来说，一座城市的魅力和温情就是创造更多的就业岗位，为他们在城市创造更多谋生机会，这是最实在的，也是最根本的。东莞已出台的《关于实施“百万劳动力素质提升工程”、打造“技能人才之都”的意见》，为外来务工人员提供了完善、系统的技能人才培养计划。

相信，更多的农民工将与东莞这座城市同成长，迎来新出路，绽放新精彩。

“扁担街”挑出童装之都
外来工扛起产业升级

——来自浙江湖州吴兴区织里镇的调查

蒋文龙　朱海洋　彭　松

浙江是民营经济发源地。正是众多看似不起眼的小企业、小作坊，衍生出一条条产业链、一个个产业园与块状经济，使浙江从资源“小省”逆袭成经济大省。也正是这些产业，满足了当地农民就地就近就业，更吸纳了大量外来务工人员。

湖州市吴兴区的织里镇就是典型代表之一。20世纪80年代，织里

织里镇全自动智能吊挂系统童装生产线

镇从一条占地面积仅0.8平方公里的“扁担街”起步，发展至今已成为全国最大的童装基地。小小织里，涉及童装业的工商注册经济体就有2万余个，年产值超600亿元。45万常住人口中，外来人口达35万人，绝大部分从事童装业。

疫情之下，浙江的民营经济发展情况怎么样？农民工的就业状况如何？记者前往织里镇蹲点调研，力图在“中国童装之都”寻找缩影与答案。

一线工人少了精了

驱车进入织里镇区，相比两年前，最直观的感受就是道路两侧高层小区多了不少。陪同采访的工作人员告诉记者，近几年，织里每年新建地产项目几十个，然而新房仍供不应求，每平方米单价过万元。购房主力军都是“新织里人”，买了房等于扎了根。

在织里，童装就是“超级符号”。街上琳琅满目的店铺，几乎都与童装相关，就连电梯里的小广告亦是如此；大批采购商常驻于此，看款、下单，“一条龙”解决；夜幕降临，商户开始打包发货，翌日商品便能亮相于千里之外的市场……

“童装在织里的繁荣，靠的就是完整的产业链，以及最初低廉的劳动力。然而，这个产业属于劳动密集型，随着人力资源成本上升，‘长板’变成‘短板’，转型势在必行。”织里镇童装商会会长杨建平认为，这背后其实就是一场产业工人的转型升级。

47岁的胡群雅是名“海归”。去年，她所创办的“弗兰尼尔”公司产值过亿元。她坦言，这几年用工成本增加很快，尽管通过机器换人，劳动效率有所提升，但还是要想方设法将更多加工环节外发，以此来降低经营成本。

“弗兰尼尔”一线工人最多时超700人，几年间，通过与苏北企业深度合作，目前留在织里的一线工人仅不到200人。在胡群雅看来，产业、技术在升级，也倒逼着工人升级，技艺娴熟的就能留下，并且成为紧俏人才，而跟不上潮流的，只能被淘汰、转移。

据了解，从2016年开始，织里联合13个外地商会，合作异地办园，将更多生产基地转向外省。湖州市安庆商会会长李结满告诉记者，安庆人在织里最高峰时接近17万人，近四年中，已有七八万人回到老家，从事童装加工、电商等。

“短短几年，安庆市3个县就涌现出七八千家童装相关企业，其中约7成从织里转移而来。如今留在织里的一线工人越来越少，‘80后’‘90后’越来越多，光从事电商、直播的就至少有两三万人。”李结满说。

记者通过采访还发现，现在很多留下来的织里工人，开始患上“技能恐慌症”，不再简单出卖劳动力，而是在一场场产业升级中，通过不断“充电”，成为技术能手。头脑活络的，因为电商经济的走红，索性自立门户，“单飞”做起了小老板。

无处不在的年轻人

26岁的丁思伊是织里镇团委副书记，2020年疫情后，她与镇里其他36名团干部自发组建起一个“主播团”，帮助织里众多小型服装企业直播带货。实际上，在产业一线，不少企业早已嗅到商机，尤其是年轻一代，通过直播电商赚得盆满钵满。

来自石家庄的赵文广，之前一直在老家卖童装，去年与妻子刘苏丽南下到织里创业。起初租了一个300平方米的仓库，妻子直播带货，丈夫运营管理。不久，仓库就显得过于局促。今年5月，仓库换成了

1200平方米的，员工扩容到16人，基本每天可转化三五千个单子。

在这个建成仅一年多的永信跨境电商园内，像赵文广这样的初创型团队不在少数。别看这些团队规模不大，收入和增速却令人刮目相看。仔细观察，你会发现园区内流水线上的工人少了，取而代之的是无处不在的年轻人身影。

走进“迪拉熊直播间”，一场服装直播即将开始。两年前，陈巧与3名小伙伴组团，按单拿提成。尽管每天开播10个小时，几位小姑娘却如同打了鸡血一般。因为在她们眼里，踩缝纫机是落后的代名词，而直播带货却很洋气。

与电商园临近的大河村，更是“80后”“90后”的主战场。大河毗邻童装城，过去家家从事服装行业，一二楼做厂房，三四楼当仓库和宿舍。如今，加工环节要么进园区，要么转外地，这里则化身“淘宝村”。1400多家电商，外来人口就有1.2万人，足足是本地人的4倍。

“这里的年轻人，有的主打抖音直播，有的专注淘宝电商，有的转场拼多多……总之，各有各的发财路，一直要忙到午夜。你说，他们还算农民工吗？”在村里当了12年村干部的丁红星向记者反问道，“他们很多来自农村，却早已不是传统意义上的农民工。”

据了解，目前织里童装业里，电商企业有8000余家，去年销售额120亿元。对于用工需求的变化，湖州大家园职业技能培训学校的董事长罗玉花深有体会。电子商务刚兴起时，她就在织里开设了童装电商孵化中心，并与外地技术学校合作，学生培训完就能进企业就业。

“最高峰时，我们每年培训四五千人，主要是美工、运营、仓储、客服等，后来开始培训织里的老板、老板娘。今年，我们将更多精力聚焦主播培训。一个显著的变化就是，这几年自主创业的越来越多，有文凭、有学历的年轻人也愿意来织里了。”罗玉花说。

眼下正是织里童装业的招工季，无忧人才市场每年可解决近八成用工份额。市场总经理陈正晨与罗玉花有着同样感受，“尤其疫情后，随着店铺经营模式的改变，主播成了新兴热门职业。一名工人的月薪大概五六千元，但一名主播稍有些带货能力，就能轻松开到 1 万元以上，甚至更高”。

洗牌正在加速

2018 年，国家统计局湖州调查队曾发布一组数据，针对织里 185 家童装企业的跟踪调查，过去 4 年，营业率仅为 43%，呈现出存活率较低、消亡较快的特点，与新设立小微单位行业间经营相比，两极分化越来越明显。

在织里镇镇长陈勇杰看来，产业本来是在发展与取代之间不断螺旋式前进，织里童装业的今天也并非一蹴而就，而是经历了一场又一场的阵痛，并且这样的转型一直在路上。“但无疑，这场疫情加速了产业洗牌。”

记者调查发现，由于产业层次低下、品牌意识薄弱、创新能力不强等原因，童装业同行竞争激烈，绝大部分企业以贴牌加工为主，加上原料成本、房租成本、用工成本抬升，本就在挣扎中前行。突如其来的疫情，让许多订单大减，直接加速了企业死亡。

陈勇杰说，近几年，面对产业转型带来的挑战，织里加速“腾笼换鸟”：建设童装产业示范园和小微产业园，破解童装低端生产格局；成立童装质量检验中心、电商孵化中心、童装设计中心；搭建童装大数据、人才支撑、跨境贸易、供应链金融服务等平台……今年织里又出台童装升级“八条政策”，安排专项资金 1 亿元，用于鼓励童装企业上规升级、创新发展，以及支持“网红经济”等。

“花无百日红，产业发展一定是曲折的。低谷的时候更要认真对待危机。这中间，会有一批企业死去，但也会带来一波机遇。这时谁把内功练好了，谁就能站上新高峰。”胡群雅的战略部署是，紧盯细分市场，加速技术提升，“只有企业发展好了，员工才能吃下定心丸，就业才能稳得住。”

记者采访时，偶然间碰见一位织里年轻人，名叫胡青青。她的父亲朱林方，在童装业摸爬滚打了半辈子，靠此养活了一家人。但如今生意每况愈下，徘徊在“死亡”边缘。谈及原因，胡青青一针见血：“老一代人的理念、审美、精力都跟不上了，怎么跟年轻人拼杀？”

她直言，很长时期里，本地人更多充当中间商角色，靠赚中间差价，如今已很难有生存空间，如果不转型，只有死路一条。她的计划是帮助家里开间淘宝店，接棒父亲，看看能否起死回生。

今天在织里，一方面由于外来务工人员有所减少，加上本地年轻人愿意吃苦的不多，出现了童装企业招工难的现象，尤其是熟练工紧缺。另一方面，设计、直播、运营等新兴人才为童装老产业不断注入新血液。

这样的“冰火两重天”还有不少：昔日热闹的布料城，如今门可罗雀，而电商园、淘宝村，深夜依然灯火通明；面对危机，小企业断尾求生，老一辈坠入时代谷底，而新新主体接力奔跑。在这场洗牌中，织里童装业又有了新的面貌和注脚。

创业兴业篇

让“能人”在家乡大放光彩

——河南省推进乡土人才返乡创业就业

张培奇　范亚旭

“走遍东西南北中，回乡发展更轻松”“在外辛苦身心累，返乡创业更实惠”“春风十里，不如建设家乡有你”……返乡创业就业是实现城乡融合和促进农村发展的重要手段，是推动乡村全面振兴的一大抓手。2019 年初，在河南省委农村工作会议上，河南省委相关负责人指出，在外面工作的农村优秀人才，开阔了眼界，长了见识，也学了很多技术，有的在管理方面有特长，有的在资金方面有积累，吸引这些乡土人才返乡就业创业，对实现乡村振兴、打赢脱贫攻坚战将起到非常重要的推动作用。

河南省汤阴县白营镇北陈王村一角

近年来，河南省有一大批在外就业创业的退伍军人、个体经营者、优秀农民工等乡土人才了解到家乡的新发展、新变化、新需求之后，决定留下来建设家乡。

真情对接 让走出去的乡土人才乐意回来

发出“乡音”，展示“乡愁”，凝聚“乡情”，留住“乡才”。为全方位推动乡土人才回归工作，今年河南省多地打出“乡情牌”“政策牌”“推介牌”，在交通要道、超市等人员密集区域制作悬挂标语，发放宣传手册，紧盯外出务工经商人员、专业技术人员、机关事业单位退休人员、大中专毕业生4类重点人群，对政治素质强、有专业技术特长和致富带富能力、愿意返乡支持家乡建设的，登记造册，建立乡土人才库。

行走在豫北汤阴县白营镇北陈王村，粉刷如新的墙面，古朴精致的牌坊，绚丽多彩的墙体宣传画，干净整洁的街道，一幅和谐美丽的乡村景象展现在眼前。说起村里的变化，村民们感慨万分：“俺村这两年变化可大了，以前垃圾随处堆放，到处脏乱差，现在村里靓丽得就像个公园。这功还要记在俺们的张来宾书记身上。”

原在外创业成功的张来宾，多年来一直关注着村里的发展，先后为村里捐款200余万元。2016年3月，他回村担任村党支部书记，带领“两委”干部全面整治村容村貌，成立“五风”监督理事会，为村民安机顶盒、通天然气，办深受群众欢迎的农民夜校……两年间，北陈王村发生了翻天覆地的变化。“看到村集体和村民收入不断增加，村民幸福感越来越强，我觉得所做的一切都值了。”张来宾感慨地说。

营造关心、关爱、关注乡土人才的浓厚氛围，让乡土人才感受到家乡党委、政府的温暖，形成回报家乡、携手合作、共谋发展的良好共识。自乡土人才联络和回归工作开展以来，河南省各地开展市县乡村“四级联动”，党员干部群众积极参与，联络沟通有序有效，乡土人才持续回归，呈现出了遍地开花、共建家乡、共谋发展的好态势。

政策释放　激发乡土人才返乡的热情与动力

建立健全乡土人才回归政策体系，发挥政策“虹吸效应”，为乡村发展“引凤还巢”。河南省不断在用地、资金、审批、税收等方面出台优惠和奖励政策，引导乡土人才返乡发展、投资兴业，推动智力回归、人才回乡、资本回流。在豫南新县，通过政策吸引和乡情感召，有20多名外出成功人士有意向回乡发展产业项目，拟投资额达10亿元；同时，该县主动为返乡人员提供就近就业信息服务，举办了2场“互联网＋返乡就业”招聘会，签订意向用工协议500多份。

禹州市则将乡土人才联络和回归工作作为拓宽村级后备人选、建强基层骨干队伍的重要渠道，直接增强乡土人才对村级事务的参与度和认同感，为脱贫攻坚、乡村振兴提供有力支撑。结合脱贫攻坚工作，该市还设立100万元扶持基金，用于奖励自主创业的乡土人才，激励乡土人才返乡创业热情。

2019年1月底，河南省推进农民工返乡创业工作领导小组发布了《关于做好当前支持农民工返乡创业工作的通知》，为返乡农民工送上包括创业补贴、金融服务、保险补贴、税收优待、贡献奖补等政策“大礼包”，提出初次创业免税、为创业主体提供数千万元贷款额度的支持。

河南省人力资源和社会保障厅相关负责人介绍，全省正建立一套合理的保障机制，畅通智力、技术、管理下乡通道，创新农村人才引进使用，优化乡村创业创新环境，把有志于农业农村发展的各类人才“吸进来”；同时，地方各级政府也在加大农村“筑巢引凤”工程的投资和投入，扩大招商引智力度，把更多在外的家乡人才“引回来”，让他们在家门口创业，带动乡村经济的发展与繁荣。

初见成效　让乡土人才踏实建设家乡、全力致富乡邻

如今，乡土人才正通过产业反哺，助力家乡发展。商丘市睢阳区娄店乡李楼村村民陈涛在 2018 年 6 月，因母亲住院回乡探亲，便有了返乡创业的想法。“只有返乡才能陪在父母身边尽孝道，才能让更多的人得到就业机会。”陈涛说。娄店乡政府得知他的想法后，派专人给他讲解返乡创业相关支持政策，这让他彻底放下了思想包袱，并决定在村里的扶贫车间内建厂并快速投产。

走进陈涛的亿丰箱包公司生产车间内，工人们正马不停蹄地加工一批箱包，来自附近村庄的 80 余名村民在此工作。“工厂就开在家门口，在这里上班既能挣钱又能顾家，这个月家里事多，上班时间不固定，也挣了1500多元。”李楼村一位留守妇女笑着说。未来，陈涛计划在 3 年内打造一个千人箱包企业。

发现“本土”人才，召唤“离土”人才，新安县在聚集人才上下足了功夫，真正把关心家乡发展、心系乡村未来、服务家乡建设的各界人士拢在了一起。该县五头镇包沟村的潘卫星是一名机关退休干部，在 2018 年村委换届选举中当选了村党支部书记，之后他带领全村干群硬化道路、安装路灯、打井、铺管网、建农耕文化园、建文化广场和扶贫车间，群众拥护、党员支持，包沟村焕然一新。

带着感情帮困，带着项目发展。一直心系家乡的王孚领，于2018年5 月回滑县桑村乡回木村建设回木田园综合体，成效已初步显现，每天吸引了一批又一批游人前来参观，村民们心里都充满了喜悦之情。环境整洁了，村里漂亮了，美丽乡村建设让大伙儿的日子充满了希望。

广东就地就业点亮脱贫路

郑可欢　高　杨　付　伟

21 个地市中，仅有 7 个地市人均 GDP 高于全国平均水平——这组刺眼的数字，来自全国经济“老大哥”广东。尽管过去 30 多年来广东的经济总量一直高居全国首位，但是“最富的地方在广东，最穷的地方也在广东”这句话却直指广东经济发展不均衡的痼疾。按照人均年收入 4000 元的脱贫标准，2016 年，广东仍存在贫困人口 176.5 万、贫困村 2277 个。

尽管如此，一向敢为人先的“老广”最不缺乏的，就是解决难题的勇气和智慧。精准扶贫工作实施以来，广东始终坚持把扶贫开发作

英德市某茶厂的中央智能茶厂车间，工作人员查看茶叶成色

为第一民生工程，将保障性扶贫作为促进减贫的兜底之“网”，将产业扶贫作为稳定脱贫的治本之策，将就业扶贫作为长效脱贫的关键之举，累计投入超过800亿元真金白银，落实产业扶贫、就业扶贫、教育扶贫、消费扶贫、低保兜底等各项扶贫政策，创造了解决贫困的广东经验。2016年以来，广东累计超161万贫困人口实现脱贫，2277个贫困村全部达到脱贫出列标准，广东的精准扶贫实践被国务院扶贫办评价为“中国亮点、世界模式”。

26.6万户贫困户实现家门口就业

2020年6月初的华南地区已是骄阳似火，然而广东清远市连樟村的劳动场景比天气更“热闹”：80多位穿着工装的村民在扶贫车间内装配玩具零件，还有一些村民在村里刚建不久的现代农业科技示范园里穿梭，熟练地操作各种大棚设施装备……这样热火朝天的场面，让人很难想象几年前这里还是“没有一条好路”的“空心村”、贫困村。

2018年10月23日，习近平总书记在广东考察期间，专门来到清远市连樟村考察，并给脱贫攻坚工作指明了道路：产业扶贫是最直接、最有效的办法，也是增强贫困地区造血功能、帮助群众就地就业的长远之计。

就业是最大的民生，确保贫困户中有劳动能力的家庭成员稳定就业是最直接、最有效的脱贫举措，也是连樟村脱贫攻坚工作的重要着力点。2017年，在帮扶单位的帮助下，连樟村引进了一个玩具企业的加工车间。“这个车间是由闲置的村小学校舍改造的，现在有80多名工人在这里稳定就业，用工高峰时有200多个劳动力就业。”连樟村党总支书记陆飞红说。

冯彩霞是连樟村扶贫车间的车间组长，也是村里曾经的贫困户，如今她在扶贫车间每个月能拿到3000多元的工资。“村里以前就业机会少，我们都去外面打工，完全照顾不到家里。现在工厂就在家门口，我们也凭自己的劳动脱了贫，生活越来越好了。”冯彩霞说。增收顾家“两不误”，这正是连樟村村民盼望已久的小康生活。在扶贫车间、设施农业大棚等项目的带动下，2019年底，连樟村53户贫困户130人均已达到脱贫标准，有劳动能力的贫困户家庭人均年收入达2.2万元。

连樟村脱贫出列的经验在广东乡村并不少见。通过政府和社会合力带动市场主体在贫困村发展产业，提供就业机会，往往可以实现就业一人脱贫一家的效果。对于不适合外出就业的劳动力，广东主动协调企业将简单生产加工、销售服务等环节延伸到乡镇、村居，同时增设公益性岗位，兜底安置就业。截至目前，全省累计有26.2万名贫困劳动力实现家门口就业。

而有条件外出工作的贫困劳动力，广东则倾力打造“广东技工”“南粤家政”“粤菜师傅”工程等多手好牌，通过深入开展脱贫技能培训，培育创业致富带头人，建立健全“1+N”（1个致富带头人+N个贫困户）带贫机制，向贫困人口传授经验、输送知识、培养技能，提高贫困群众发展生产和务工经商的本领。“‘粤菜师傅’工程重在帮助农民增收致富、解决就业；‘广东技工’工程重在解决技能人才供给不足问题；‘南粤家政’工程重在解决城市‘一老一小’服务需求问题。三大工程犹如三驾马车，拉起了知识型、技能型、创新型高技能人才队伍，也拉开了广东打赢脱贫攻坚战的生动局面。”广东省人社部门相关负责人介绍道。

3.6万个特色产业项目“稳脱贫”

戴着斗笠，双手在茶树上轻轻地捻下两片叶子放进背后的竹篓——今年50多岁的林观金干起采茶的活儿来手脚利索，不一会儿竹篓里就装满了一筐新摘下的茶叶。接近晌午，林观金才停下手中的活儿，跟工友们一边唠嗑，一边前往茶园的员工食堂用餐。“这样每天有工开、离家近的生活，可比以前到处打零工还担心家用不够好多了。”林观金说道。林观金是广东省英德市石灰铺镇勤丰村的村民，女儿上学的费用以及儿子长期生病的医疗费曾经压得她苦不堪言。“孩子从2008年开始生病到现在，家里只有我出来工作，以前只能打打零散工，种种田，连基本的生活都保障不了，亲友们能借钱的都借遍了。”林观金说道。2014年，石灰铺镇招商引进英州红茶业公司落地勤丰村发展茶叶种植及加工项目。作为英德市扶贫工作“百企扶百村企业”，英州红茶业公司优先吸收当地贫困户到茶园务工，林观金也应聘到此工作。如今，林观金已经成为公司采茶技术能手，每年务工收入就有3万元以上。在当地政府和企业的帮助下，林观金一家搬离了原先四处漏水的老房子，住进了新盖的楼房，女儿也顺利完成学业参加工作。“现在住新房也不担心下雨会漏水了，还买了一个65寸的电视机咧。”林观金忍不住向记者“炫耀”道。

广东英德是著名的“中国红茶之乡”，茶产业既是英德的优势产业，也是当地贫困户稳定脱贫的特色产业。“英州红公司在勤丰村的扶贫模式，可以概括为‘一地生五金’。”英德市英州红公司负责人黎水清介绍。“五金”即土地租金、务工收入、经营性收入、资产性收入以及电商扶贫爱心基金。企业通过“公司＋合作社＋基地＋农户”模式，辐射带动了周边300多农户和贫困户加入公司旗下万联茶叶种植专业合作社，种植茶叶1300多亩。贫困户在企业茶园的务工收入平均每年3.6万元，而参与合作社种植的贫困户每年也可以增收3500元以上。

不独英德红茶，在广东，翁源的兰花、梅县的金柚、罗定的肉桂……都成了当地贫困户的致富花、致富果。在韶关市翁源县江尾镇，

762 户建档立卡贫困人口有 374 户 1224 人融入兰花产业链而实现了脱贫。

2018 年以来，广东省以每年投入 25 亿元、每年新增 50 个省级现代农业产业园的手笔，打造了一批生产要素聚集、产业链条完整、强农带农效果明显的现代农业产业集群，基本实现“一县一园”“一镇一业”“一村一品”。按照宜农则农、宜商则商、宜游则游原则，这些因地制宜的产业集群激发了脱贫的内生动力，增强了贫困地区的自我“造血”功能。

数据显示，广东省目前实施特色产业扶贫项目3.6万个，带动贫困户 62.8 万人，年人均产业增收 2400 多元。在贫困人口较多的粤东西北地区，广东累计创建省级现代农业产业园 100 个，建设“一村一品”基地 1048 个，特色产业不断壮大。

9400 名孩子的“特殊课堂”

2020 年 3 月 2 日，是广东线上课堂正式开学的日子。在广东省连州市西岸镇东江村村委会会议室，村里 10 个来自贫困户家庭的孩子在这里戴着耳机，在崭新的电脑面前，开始了他们特殊的课堂。“虽然上课形式不一样，但学到的知识却是一样多。”其中一名学生邓美华表示。

为防控新冠肺炎疫情，今年 3 月份以来多地教育部门要求学校开展线上教育，学生不返校。然而，看似随时可上的网课，对贫困家庭的学生而言却并不容易实现，无论网课必备的电子设备还是网络都让不少贫困家庭望而却步。“贫困家庭的孩子没有电脑怎么上网课”“买了设备给这些孩子他们不会使用怎么办”“贫困家庭没有开通网络怎么办”等问题经过商议，东江村村干部们达成一致决定，把村委会会议室改为贫困学生上网课的临时教室，由帮扶单位广州市荔湾区农业农村和水务局拿出4万元扶贫资金，为贫困学生们购置设备、桌椅以及安装网络。

与东江村的贫困孩子一样用上崭新电子设备的，还有广东省建档立卡2277个村的所有贫困家庭儿童。为了确保贫困学生停课不停学，广东省教育部门对2277个省定相对贫困村的贫困家庭儿童配送了9400多台平板电脑，并协调三大运营商给每一个贫困家庭的孩子送了30G的流量，解决上网课的流量问题。

在教育救助中不落下一个学生，正是广东开展社会救助兜底扶贫“不漏一户，不落一人”的具体体现。2016年以来，广东累计投入59亿元低保兜底资金用于对无法通过产业扶持和就业帮助脱贫的家庭实行政策性保障兜底。新冠肺炎疫情发生以来，广东更是以“困难群众不因疫情挨饿受冻”为底线，确保困难群众的各项生活保障措施落地落实。为应对物价上涨压力，广东除了及时足额发放低保金、特困供养金、孤儿基本生活保障费，以及困难残疾人生活补贴和重度残疾人护理补贴以外，还适时启动了社会救助和保障标准与物价上涨挂钩联动机制，发放价格临时补贴。疫情发生以来全省共发放救助资金20多亿元。

2020年4月份，广东省相关部门联合出台了《社会救助兜底脱贫行动实施方案》，从完善贫困监测预警机制、强化最低生活保障兜底保障能力、优化救助审批程序等方面织密织牢民生兜底保障网，确保在收官之际实现贫困人口应保尽保、应补尽补、应救尽救，为全面建成小康社会跑好“最后一公里”，全面完成脱贫攻坚任务。

提高就业技能　发展特色产业

——新疆维吾尔自治区党委组织部、老干部局“访惠聚”驻村工作队帮扶出实招

刘　昊　牛海燕

“‘七村黑木耳’家喻户晓，品质好、口感好，可以卖到一公斤130元，是农民的‘致富宝’。如今，七村和周边村650多户种上了黑木耳，户均增收万元以上。”新疆维吾尔自治区党委组织部部务委员，组织部、老干部局“访惠聚”驻村工作总领队、临时党委书记，驻乌什县前进镇托万克麦盖提村工作队队长、第一书记李科琼说。

七村黑木耳

2017年以来，自治区党委组织部、老干部局驻乌什县依麻木镇托万克麦盖提村“访惠聚”工作队紧扣脱贫标准、聚焦精准脱贫，以“两不愁、三保障”为基础，以产业扶贫、就业扶贫为抓手，以“扶智扶志”为导向，带领群众从稳定脱贫走向持续致富。

种出“黑木耳致富经”

“工作队来了为我们老百姓带来了‘福气’，我今年种植的2000棒黑木耳卖了1.3万元，比去年高了1000元，让我早早就脱了贫。”乌什县依麻木镇托万克麦盖提村农民图妮萨罕·居麦开心地说。

听说村里的贫困户图妮萨罕·居麦是个种木耳“高手”，她种植的黑木耳品相好、等级高，成了大家学习种植黑木耳的典范。

记者走进图妮萨罕·居麦家，虽然是冬季，她家院子里的四个种植黑木耳的拱棚搭建得整洁、有序，庭院也收拾得井井有条。一看就是个勤快人。

图妮萨罕·居麦告诉记者，冬天了，趁着闲下来，她每天要参加村里组织的国家通用语言学习和各种技能培训。

图妮萨罕·居麦的丈夫去世后，她靠打零工、种地，拉扯着3个孩子长大。可种地一年收入就几千元钱，远远不够家里的开支。2017年，图妮萨罕·居麦和村里的65户贫困户成为村里第一批黑木耳种植户。

为保证贫困户干得了、干得好，工作队安排技术专家进行种植技术培训，还选派技术员现场指导。图妮萨罕·居麦学会了黑木耳种植技能，又摸索出自己的一套种植技术。2018年，不到一亩地就为她带来了1.2万元的收入，这让图妮萨罕·居麦更有信心了。

收购黑木耳的管理员阿尔祖古丽·图尔荪说：“图妮萨罕·居麦交售的黑木耳最好，大小适中、薄厚刚好，价位也高，我们鼓励农民都向她学习。”

李科琼介绍，为满足市场需求、推动技术升级，工作队注重延伸产业上下游链条，在5个村建成配套木料粉碎厂，协调引进日产2万个菌棒的自动化生产线。成立燕山情黑木耳种植农民专业合作社、黑木耳产业孵化园，注册“七村黑木耳”品牌和地理标识，并已获批有机认证。合作社于2018年为贫困户社员人均分红2000元。孵化园2019年第一季度为村集体分红12万元。

2018年8月，“七村黑木耳”参展第六届中国—亚欧博览会，与疆内高校、医院、国有企业、大型超市及内地客商签订50吨销售合同。

走出“创业就业路”

走进托万克麦盖提村黑木耳产业孵化园，村民黑力力·托合提正忙着运送黑木耳菌棒，尽管跑来跑去累得满头大汗，可他却说自己心里很踏实，这份工作让他摆脱贫困，找到了自信。

黑力力·托合提过去依靠种地为生，没有其他收入。在驻村工作队的帮扶下，他来到孵化园就业，如今每月工资2000多元。

“自从建起黑木耳产业孵化园，我就来上班了。现在家庭收入提高了不少，父母高兴，我自己也特别开心，以后还打算买辆小汽车。”黑力力·托合提笑着说。

黑力力·托合提的父亲托合提·如孜和记者说：“工作队协调安排我的两个孩子到孵化园工作，他们都过上了富裕的生活，我真的很感谢工作队！”

李科琼介绍，村里的黑木耳产业孵化园、村办企业黑木耳菌棒厂、核桃加工厂为100余名村民安排了就业，组织56名村民承包黑木耳拱棚建设项目。通过建设就业市场、便民巴扎，动员村民开店创业，吸纳64名村民就业，每个店至少解决1名贫困户就业，贫困户月工资 1000 元。为丰富村民文化生活，增加村民收入，村里开办夜市，店主每晚收入能达到 2000 元。

据了解，工作队还协调 120 个人到本村国家通用语言小学、富民安居房、土地平整项目等建设工地务工，每月收入 3600 元。此外，组织 386 名村民到乌鲁木齐、阿克苏等地务工，人均月收入 3000 元以上。组织 96 名少数民族村民到汉族专业种植户务工，为 28 名贫困人口解决土地清理开发、协警、护林员、民兵等岗位。

学出“技能带头人”

“我在工作队的帮助下学习了电焊技术，现在自己的日子过好了，我要带动更多的人跟我一样成为一名有技术的人，为家庭增加收入，摆脱贫困。”在托万克麦盖提村开电焊铺的 27 岁约尔买提·如孜说。

自治区党委组织部、老干部局“访惠聚”驻村工作队协调有关部门（院校）在村里开办免费技能培训班，约尔买提·如孜是第一批参加电焊培训的学员。经过学习和不断的实践，他的技能已达到一定水平，很多的铁器活儿都干得得心应手。2019 年 4 月，在工作队的帮助下，他在村里开起了自己的电焊铺，带起了徒弟。

约尔买提·如孜告诉记者，他一共带了 6 个徒弟，有的已经“自立门户”，还有的在别的地方打工。徒弟月工资可以拿到 1500—4000 元。如今的约尔买提·如孜已经考取了驾照，还找上了心仪的女朋友，他自信地说：“去年干杂活儿，纯收入 15 万元，今年接了 80 万的活儿，收入会更高。”

据介绍，村里建起了农民培训学校，开设摩托车驾驶、大型工程机械操作、缝纫、砌筑、电焊、家电维修、面点制作、手工艺品制作、黑木耳种植、畜牧养殖、林果业管护、舞蹈、普通话等多个科目的培训班，从高校、企业等聘请专业师资，采取“理论学习 + 劳动实践 + 军事训练”的模式，累计培训 1500 余人次。优秀学员农闲时带领村民学技术，平时开店做经营，既是技术带头人，也是致富带头人。不仅提高了村民就业技能，还增强了村民的纪律观念和团队意识，为村民就业打下了坚实基础。

李科琼说：“驻村以来，工作队坚持扶贫与扶智、扶志相结合，立足村情、民情，坚持问题导向，综合本村自然禀赋、资源优势、产业基础等，大力发展黑木耳产业、开展技能培训、旅游开发等多种项目，走出了一条产业扶贫、就业扶贫、综合施策的精准扶贫之路，带领村民脱贫致富，大大增强了村民的获得感、幸福感。”

村口就业　既挣钱又顾家

——四川省南充市嘉陵区探索就业扶贫创新模式

李传君

扶贫的关键是让贫困群众有持续增收的渠道，因此就业扶贫十分重要。然而，农村就业岗位缺乏，不少人只好选择外出务工，留守老人和留守儿童便成为一大社会问题。

四川省南充市嘉陵区探索就业扶贫的创新模式，利用农村闲置的房舍，将工业园区一些企业的车间延伸到乡下建立“扶贫车间”，实现部分农民村口就业，既顾了家又挣了钱。

嘉陵区随后又将这一模式复制到农业，通过回引返乡创业者建立“扶贫合作社”，广泛吸收贫困群众入社就业，同样起到了顾家、挣钱两不误的效果。而今，全区共建立起“扶贫车间”和“扶贫合作社”200余家，解决农村就业人口1.7万余人，其中贫困人口4000余人。

为鼓励“扶贫车间”“扶贫合作社”长期持续发展，嘉陵区实行了奖补政策：新建一个“扶贫车间”，一次性奖励5万元；吸纳一个贫困劳动力就业奖1000元；新进10个以上贫困劳动力就业一次性奖补5万元。同时严格把关，严防企业骗取奖补资金的行为。

下班就回家　孩子天天见到妈

2019年3月6日下午，在嘉陵区双桂镇一处“扶贫车间”，9名女工正忙着赶制一批裤子，这是将要销往中东某国的服装。在空着的几台缝纫机桌面旁，几个小学生正专心做作业。

里屋传来孩子的哭声，龚丽蓉放下手中的活儿，进屋把快满两岁的小儿子从床上抱起来。龚丽蓉是邻近新复乡人，早年在深圳、上海等地服装厂干过，但自从有了第一个孩子，就一直待在家里。“想出去但走不了，俩孩子没人带，老公又有病，经济比较困难……”

从2018年5月起，龚丽蓉又有了工作，那就是四川永越服饰有限公司在这里设的“扶贫车间”。“大孩子7岁了，在双桂上小学，下午6点下班后，我就带两个孩子回家，然后做饭。”龚丽蓉对目前的生活比较满意。“一个月能挣2000多元，还把一家老小都照顾了。”

钞士侠是本镇贫困户，老公在建筑工地做砖工，以前她独自带3个孩子，还要伺候有病的公婆，日子举步维艰。进了“扶贫车间”后，她更累了。“我每天下班后先把读幼儿园的儿子带回家，然后做饭，晚上8点40分，还要到镇上接两个上初中的女儿，回到家就是9点多了。”钞士侠说很感谢政府设的这个“扶贫车间”，累虽累，但一年能挣两万多元。

在这里上班的女工情况大致差不多，家里有老有小，自己带着孩子上下班，然后回家照顾老人的情形基本相同。“如果有两个孩子，而且都小，有的女工不得不一边背一个抱一个，一边还熟练地操作缝纫机。这些女工吃苦耐劳的精神着实让人佩服。”车间管理人员说。

四川永越服饰有限公司董事长任慧琼是双桂本地人，她早年也是外出务工并积累了一定资本。2013年，任慧琼返乡创业，在嘉陵区工业园区创办了自己的企业，随即积极响应区上设立“扶贫车间”，在双桂、安平、一立、双庙等乡镇创办了几家“扶贫车间”。

常年在这里上班的女工有12个，只要家里有事都可请假，每天工作8小时，计件取酬，每月有200元生活补助，上满26天还有200元奖励，一个月最低能挣一千六七百元。

下地就挣钱　割菜也能学技术

大观乡蒋氏祠村贫困户刘碧英 50 多岁了，又有气管炎，但干起活儿丝毫不输年轻人，在本村的裕兴种养专业合作社里割菜，一个月工资 3000 元以上，有时能拿到 4000 元。

裕兴种养专业合作社是当地政府设立的“扶贫合作社”，这个季节正是栽种上海青、生菜、小白菜等绿叶蔬菜的时候，也是瓜类蔬菜育苗季节，每天基地里二三十个人；要是到了四五月份，等瓜类蔬菜及茄子、辣椒等蔬菜上市的时候，每天至少有四五十人干活儿，甚至还忙不过来。常年在这里务工的村民有三四十个，其中贫困户就有 20 多个。

合作社发放工资分两种：一是按天计，60 元 / 天，一月上满 28 天会另外加钱；一是技术工按相关的计量指标发放，比如割菜，按 0.5 元 / 斤计算，每天至少在 100 元以上。

割菜也算技术工？这话不假。蒋氏祠村村主任蒋健全说，合作社系他的弟弟蒋全贵带头成立，弟弟在广东惠州经营了两个蔬菜种植基地，他手下有几十个贵州人长期干活儿，有的已经练就了高超的蔬菜采收技术。2016 年春节后，蒋全贵回村流转了 380 亩地，并成立合作社种植蔬菜，两边季节正好错开，因此时常调惠州的工人回来指导传授。

刘碧英就是在这样的指导下掌握的技术，人们都夸她割的菜跟机器割的没有区别。贫困户蒋行亮也是这样的技术工，一年三四万元的工资收入使他于 2016 年当年就实现了脱贫。如今，蒋行亮已经升为管理人员，每月工资增长到 5000 元，加上妻子在外务工的收入，家庭年收入不低于10万元。“现在已经小康了！从贫困到小康只用了3年！”蒋行亮高兴地说。

蒋行亮还有个80多岁的母亲，村里的“扶贫合作社”成立前，由于妻子在外务工，他只好留在家里照顾母亲，并监督孩子读书，家庭日子过得很困难。自从村里建起“扶贫合作社”，蒋行亮家的日子一天天好了起来。如今，蒋行亮的儿子已经中专毕业，并在广东打工，母亲的身体也还算健康，自家房子也从破旧的瓦房变成了二层楼房。

三方都受益　扶贫效果看得见

2014年底精准识别后，嘉陵区开始探索各类扶贫创新模式。2016年，嘉陵区“扶贫车间”应运而生，为全省最早。2017年9月，四川省就业扶贫现场会在嘉陵区召开。

“我们通过两种方式、六项服务实现了三方都受益。”嘉陵区就业服务管理局相关负责人说。两种方式就是“扶贫车间”及“扶贫合作社”，六项服务具体内容为：

在鼓励企业建立“扶贫车间”或“扶贫合作社”时，对企业所需水电路房等基础条件，政府出面积极协调，尤其是充分协调乡村闲置房屋，如废弃村小校舍、空置民房等；对企业所需贷款积极协调银行放贷；为“扶贫车间”及“扶贫合作社”组织专场免费招聘；对企业所需员工进行免费培训；利用就业扶贫专项资金对开设“扶贫车间”及“扶贫合作社”的企业实行奖补措施；对进入“扶贫车间”及“扶贫合作社”的人员进行定期回访，关心企业发展情况、员工工资及吃住情况、有无劳务纠纷等方面的情况。

“通过推行这些措施，村上及村民手中闲置的房屋得到了盘活，村民有了一份收入；通过政府出面协调，一般前三年是免房租的，后面房租也很便宜，从而降低了企业成本，解决了企业招工难的问题；对于就业人员来说，当然是每月能赚到真金白银了。”区就业服务管理局相关负责人说。

如一立镇塘湾村利用原村小学，引进顺成纺织有限公司设置“扶贫车间”，投资60万元，租用村小400平方米，安装36台缝纫机机位。该企业采取“公司+村委会+贫困户”模式，即公司出资金技术、村委会出房屋、贫困户出劳力，已经吸纳46名劳动力就业，其中贫困劳动力15人，实现年产值300万元，年人均增收2万元以上，扶贫效果明显。

“今年我们将出台一个新的政策，就是将就业培训转移到企业，即‘以工代训’，这样企业可以根据其需要来有针对性地培训员工，政府以每个新进‘扶贫车间’或‘扶贫合作社’员工每月200元的补助，总培训期不超过6个月，总补助额不超过1200元。”区就业服务管理局相关负责人说。

村口就业，既挣钱又顾家

脱贫路上的“临泉答案”

李　锐

皖北经济技术学校育婴班学员学习婴儿护理知识

安徽省临泉县是一个人口大县、农业大县、贫困大县。2012 年被列为大别山连片开发特困地区贫困县。2014 年建档立卡贫困人口 22.3 万人，贫困村 96 个，其中深度贫困村 13 个。2017 年被列为安徽省深度贫困县。经过 5 年集中攻坚，至 2019 年 12 月，临泉的贫困村全部出列，贫困发生率由 10.8% 下降至 0.39%。

隆冬时节，记者走进临泉县，去寻找脱贫路上的“临泉答案”。

安徽省恒丰牧业有限公司是一家现代化羊业全产业链的公司。在养殖场的院里，有一块写着 53 户贫困户合作养殖的信息：寄养一年增收420元。

一看到数字，记者便有了疑问：年增收420元能给贫困户带来什么样的效果？陪同的临泉相关部门工作人员告诉记者，临泉为了促进产业扶贫工作设立了产业扶贫资金。只要贫困户符合养羊条件就可以申请补贴，每户贫困户可获得5000元封顶的资金，用于养殖能繁母羊。按照每只800元计算，一户贫困户可以养殖6只羊和领取200元动物防疫经费。

“劳动力充足的贫困户可以自己在家养羊；劳动力不足的贫困户可以寄养在公司，每年可获得分红。分红连续可分3年，每年保底360元。公司还回收贫困户的羊，根据测算，一只羊除去330元的成本，纯利润在350—400元。临泉利用产业扶贫资金与龙头企业合作，仅养殖能繁母羊一项，贫困户年增收就在2000元以上。”公司养殖场负责人肖钢说。

龙头企业带动产业是扶贫的一种模式，但临泉在加大产业扶贫力度的同时，又提出扶贫先扶智，从根上解决贫困户稳定就业的问题。

在皖北经济技术学校的培训中心，“贫困可以改变，幸福可以争取”“带着感恩学技能，载着梦想绘明天”……这样励志的短句比比皆是。学校副校长姚秀平说：“学校分为学历教育和技能培训两部分，以做好常规教育教学管理的同时，以‘扶志’‘扶技’为抓手，打造了月嫂、育婴师和电子商务等几个精品品牌。尤其是皖北皖嫂的职业技能培训成为临泉县助推妇女脱贫致富的金牌项目，帮助赋闲在家的农村妇女实现脱贫致富，筑起农村妇女改变自己家庭状况的决心。”

李湖村的陈桂兰是2017年第十六期育婴员培训班学员，培训后被推荐到北京的一家家政公司工作，月薪8000元；长官镇的李现玲是2016年第一批母婴护理班学员，高级月嫂，月薪7000余元……姚秀平指着墙上已经毕业的贫困户信息告诉记者，学校针对建档立卡贫困户量身定制培训，选取种养殖、养老、家政等好创业、好就业的培训课程。培训采用流动课堂教学方式，可以是田间、牧场，可以是厂房、车间，可以是贫困户家里，老师上门教学。每年培训贫困户多达2000余人。

“培训免费，20天为一周期课程，毕业后由人社局颁发资格证书持证上岗。而且，临泉与北京富平家政学校合作搭建了扶贫平台，学员在培训毕业后到北京免费再培训一个月，毕业后到月嫂会所或养老中心就业，在临泉当地月薪能达到7800元，在上海、杭州等地月薪可过万元。月嫂这一职业非常抢手。”姚秀平说。

与有劳动力的贫困户相比，残疾人这一群体更是脱贫道路上的一道坎。“你是得病了才贫穷的，困难不是问题，办法都是人想的。你愿不愿意来我这儿干？”在安徽姜尚工艺品股份有限公司的加工车间，董事长韩玉梅对着宋集镇的杨明山这样说，“我就是残疾人，从小受到许多热心人的帮助，所以我要回报社会。现在我有了自己的公司、自己的事业，就是要关心你我这样的残疾人，咱们一起努力，实现自身价值。”

韩玉梅成立了一家以葫芦烙画、根雕、饰品等工艺品加工的公司。她认为，肢残人由于身体上的缺陷，不仅行动不方便，而且就业渠道窄，收入低，生活生存都是一个大的问题，是贫困人口的主要部分。2015年，韩玉梅先后走访许多部门、企业，希望能够解决更多的肢残人就业问题。临泉县各部门帮助开展肢残人集中培训，针对残疾人个人专长和爱好，培训涉及服装、电子、机械维修、电脑、绘画、种植、养殖等内容。

在韩玉梅的奔波下，每年都有上百名残疾人走上了工作岗位。同时，针对有的肢残人愿意自主创业的情况，韩玉梅帮助300余人开办家庭农场、家庭养殖场，协调资金150余万元，帮助10余名残疾人开办了家庭代销店，协助办理烟草零售许可证6个。

从2018年开始，韩玉梅与周边的贫困户建立联系，给贫困户上课，讲解葫芦种植技术。仅2019年，公司就带动了2000余户贫困户参与到葫芦种植中。“一般葫芦种在农户的房前屋后，面积都不大。公司实行三保，即保种苗、保技术、保回收。今年有一贫困户种植了4分地葫芦，收入达4000多元。本来葫芦是根据大小、形状、质量回收的，但我想贫困户心理比较脆弱，不能让贫困户丧失信心，品质不好的也回收。今年仅3天收葫芦就给农户结算了20多万元。”韩玉梅说。

获得“中国好人”荣誉的韩玉梅这样说：“我希望社会都关注残疾人这个群体。我们就业难，没有一技之长，但我们更应该鼓起勇气，有摆脱贫困、过上好生活的信心。”

“就业号快车”搭载康村向小康

刘　昊　邓丽娟

自驾来新疆，很多人都要走一趟独库公路，沿路各种风景美不胜收，远山如黛，近水含烟。走进有着“独库第一村”美称的库车县阿格乡康村，像水墨画似的乡村美景在眼前徐徐展开，花香鸟语，蝶舞蹁跹。一栋栋安居富民房掩映在花树之中，幸福的新农村生活藏在村民们的笑颜中。

“请进，请坐，请喝茶。”47岁的努尔艳木·肉孜家住在康村苹果园三巷，从她家大门前向东望去，家家户户门前的花圃里，竞相开放的花卉几乎冲破了篱笆。走进院内，钢架结构的葡萄架上，葡萄树茂盛的藤蔓搭起了天然凉棚，干净整洁的庭院里花香四溢。

努尔艳木·肉孜家有3口人，丈夫买买提·阿西木在附近的加气站当保安，儿子在库尔勒工作。家里有3.5亩玉米地，养了4只羊。为了增加收入，努尔艳木·肉孜开起了商店，卖百货和烧烤，生意好的时候月收入达到5000元。

“我家以前是建档立卡贫困户，2017年脱贫的，这都要感谢党的好政策。”努尔艳木·肉孜领着记者到屋里参观，这栋建于2015年的安居富民房里，放置着沙发、茶几、电视柜、双人床等家具，就连卫生间的马桶圈上都精心装饰了带花边的马桶垫，和城里楼房的装修没有两样。

“今年，我家重新装修了房子，自己花了5000元，人居环境整治补贴了1245元。4年前，房子盖起来之后，国家补贴2500元搭建起院子里的葡萄架，家里80平方米的暖圈，国家补贴了1万元。我家以前缺技术、缺土地致贫，全靠丈夫在村里打小工挣钱维持家用，通过这几年农民夜校给我们培训就业技能，丈夫才能出去打工，挣更多的钱。党和国家的政策这么好，我们更要加倍珍惜今天的幸福生活，把我们村变得更漂亮。”努尔艳木·肉孜说。

在康村，像买买提·阿西木一样乘上“就业号”致富快车的人还有很多。56岁的艾尼沙木·托合提家，儿子在附近的洗煤厂工作，每月3600元；儿媳在村里食堂工作，月收入1800元；女儿会裁缝手艺，过去在家里做服装，今年6月当上了护林员。

“过去，我家7口人，4亩地种小麦，1亩地种蔬菜大棚，因为缺技术、缺土地，村里把我们列为建档立卡贫困户。2018年，我家用扶贫资金1万元买了一头牛，今年3月产犊，现在有2头牛，另外还有9只羊。去年底，我家已经脱贫了。今年，村里给我家分了一个大棚种黑木耳，年底又能增加一份收入。”艾尼沙木·托合提说。

阿格乡党委书记张靓向记者介绍说，康村距库车县城约50公里，位于贯通天山南北的独山子至库车公路的“南大门”，每到旅游旺季，这条公路非常火爆，成为自驾游的热门线路。库车县推出了“独库第一村”的招牌，吸引自驾游客驻足。

“康村近几年注重大力改善基础设施和人居环境整治，引导农民把自家小院划分成生活区、种植区和养殖区，实施亮化工程，新建了文化广场项目。鼓励群众将闲置住宅承租给村集体，用于民宿改造；鼓励村民开办农家乐、发展特色餐饮，围绕旅游做文章，取得了明显成效。”张靓说。康村人均耕地不足1亩，发展传统农业受制约，阿格乡通过农牧民夜校集中开展语言培训，与企业、技术学校合作，开展机电、驾驶等“订单式”岗前培训共计1300余人次；深入辖区企业等单位，了解用工需求；组织召开招聘会，让企业与劳动力面对面对接。此外，康村大力发展蔬菜生产和养殖，设立了一站式配送中心，销售、配送本村及周边村出产的蔬菜、肉制品等副食品，促进生产、带动销售。

2019年，康村基本实现了一户至少一人就业，贫困发生率从53.18%降至5.41%，到年底康村将实现整村脱贫。

在家门口“编织”幸福梦

——山东省临沭县发展柳编产业助力脱贫纪实

季德山　吕兵兵

这几年，山东省临沭县青云镇西朱崔村贫困户解祥光，一得空闲就会到村口扶贫车间打工。“这是用柳条编的筐篮，这是用树皮做的圣诞树，这是用废旧木头做的挂件……俺上年纪了，家里还有老人要照顾，离不得家。好在有空就能到这儿来打工，每个月都能挣个 2000 多块。”能够在家门口“编织”幸福梦，解祥光高兴地告诉记者。

2016 年以来，临沭在推进脱贫攻坚过程中，围绕柳编这一特色产

临沭县青云镇西朱崔村村民在进行柳编制作

业用工多、带动能力强的实际情况，通过创新工艺、开发新品、延长链条、做强电商等举措，着力推动产业转型升级。在此基础上，通过有针对性地为贫困户出政策、建平台、送技术、建车间等措施，放大了柳编产业的脱贫带动效应。

据了解，临沭柳编已从原本单纯的劳动密集型传统产业，发展成了集种植、加工、出口为一体，具有高度原料指向型、工艺创造型、手艺引领型、市场创新型、需求导向型、出口外贸型等特点的产业体系。柳编龙头企业发展到128家，近年来自营出口额稳定在2亿美元上下，占全国柳编出口的四分之一。据不完全统计，临沭间接或直接受益于该产业的人员超过20万人，其中贫困人口达7000多人，且人均柳编从业年收入过万元。

转型升级　柳编产业实现“三级跳”

2019年3月9日，走进位于临沭县特色产业园区内的鲁美达工艺品有限公司，在700平方米的产品展厅内，用树皮做成的圣诞树、墙饰，木块做成的烛台、花盆，树枝编成的风灯、圆环等工艺品，琳琅满目。

“近年来公司立足柳编这一主营业务和加工工艺，开发柳木结合、柳草结合等新产品，专门从荷兰聘请设计团队，每年根据欧洲市场需求，用杞柳条根、棉根、桑根、葡萄根、树皮、木块、木条、葡萄枝、废旧布料、下脚料等为原料，设计成工艺品。”董事长解自国介绍。

这几年，鲁美达公司的主营业务，已由柳编工艺系列产品，发展到涵盖木制品、柳制品、枝节制品、根雕制品、布衣制品及家居用品等领域，有超过1000多个花色品种，年产各类工艺品9000万件套，主要销往荷兰、法国、意大利等欧洲国家。

鲁美达良好的发展势头，是临沭柳编产业转型升级的缩影。据介绍，临沭杞柳栽培与加工历史悠久，早在1400多年前的青云镇，村民就将沭河岸边的杞柳编织成筐、篼子、簸箕等生产生活用品。临沭柳编产业自20世纪50年代起步，于1953年建县条编厂，1973年纳入国家出口计划，至今已经历了60多年的发展历程。

“从单打独斗的家庭作坊到十几户、几十户一起的加工组，从加工组到精准调研建设的扶贫车间，从扶贫车间到规模发展的知名柳编企业，从柳编龙头企业再到柳编博物馆、博览会，临沭县的柳编产业经历了规模质量、产品转型的‘三级跳’。”临沭县柳编协会会长张东收说。

建好车间　柳编产业为村庄注入新活力

惊蛰时节，齐鲁大地万物复苏。2019年3月9日，走在曹庄镇朱村的街道上，脚踏石板路，入鼻青草香，道路两侧既有整齐排列的绿化苗木，还有独具特色的青砖瓦房，一个美丽富足、匠心独具、生态良好、人文和谐的美丽乡村尽收眼底。

谁能想到，2016年以前，这还是一个省定贫困村，一个四里八乡都有名的“穷村”“乱村”。谈到朱村脱贫攻坚的进程，村党支部书记王济钦特别感谢柳编产业为村庄注入的生机和活力：“种植和收购柳条木料，利用扶贫资金建设扶贫车间和电商平台，成立合作社开发工艺、组织加工和销售，不仅能让村民足不出村挣工资，合作社延伸产业链条的增值收益，既能让村集体增收，还能为贫困户分红。”

据介绍，临沭在推动柳编产业转型升级的基础上，带动脱贫攻坚主要有4项举措：一是帮建扶贫车间，引导贫困户参与柳编加工，实现就业扶贫。二是组织有劳动能力的贫困户参加柳编种植、编织技能、电商营销等就业、创业培训，确保一技在手脱贫不返贫。三是对符合政策的柳编企业，每帮助 1 名贫困户脱贫，金融机构协调给予不高于 1 万元的贴息或无息贷款。四是鼓励贫困村村集体领办股份合作社，利用各类扶贫产业项目和村内闲置资源，通过健康运营为贫困村户带来股份分红收入。

“原先，柳编对工艺有一定要求，有些贫困户因为年龄大、素质低，难以进入。现在好了，随着工艺流程的标准化和产品开发的多样化，技术门槛降低了，参与环节增多了，各种类型的贫困户都能在这里找到活计，产业的脱贫带动能力更强了。现在，临沭已在镇村建成各类柳编加工点2000余个，直接带动近10万农民就业，覆盖贫困人员7000 多人。”临沭县扶贫办主任尹昌明自豪地说。

培育新增长极　高端融合赢得“满堂彩”

日前，由多家电商平台共同举办的“中国匠人——临沭柳编发布会”，通过网络在线直播，短短 2 个小时，就赢得了 440 万网友点赞和 2.2 万条留言，直播高峰线上观看人数过 500 万，参加活动的宜然家居、金柳、龙窝、尚居优品等 4 家网络旗舰店销售额过 50 万元；一些促销类电商平台同步开展“中国匠人柳编产品专场促销活动”，24 小时销售额突破 150 万元；金柳、宜然家居、荣华等一大批知名企业都建立了旗舰店……

电商让柳编成“网红”，节会让产业增活力。2018 年 10 月，曹庄镇整合 120 万元资金，建起扶贫大棚、欧拉玻璃温室花房、柳编特色产品展馆，并在驻地召开了第五届临沭柳编文旅产业博览会，成为临沂市镇级单位首次承办全国性展会的新创举。展会共接待游客 4 万多人，为将本地柳编特色产业推向全国，助力柳编企业和文化旅游产业的发展，带动贫困户脱贫增收倡树了样板。

5 年前，时任曹庄荣华工艺品厂负责人的张志全，率先在朱村建起了第一个柳编扶贫车间。如今，在临沭柳编新旧动能转换工程的推动下，他又创立了全产业链平台化发展模式：先是在曹庄镇华侨村建立全国物流配送中心，后又建立千亩柳条基地，并于 2018 年成功创建为“朱村 · 柳韵”田园综合体，开创了“柳篮 + 花卉 + 旅游”融合发展的新业态。

拥抱电商平台，发展节会经济，文旅融合发展……这一系列举措，描绘了临沭柳编产业今后的发展图景。“以柳条种植为基础，以柳编产业为支撑，结合沂蒙红色文化、临沭柳编文化、沭河景观文化和岌山省级地质公园等自然人文资源，打造以农业现代化生产、农事体验、工艺品生产和销售、工艺品展览、乡村旅游、产业旅游、红色文化旅游等‘高端融合’产业链，让更多的农民在柳编产业链条上受益，是临沭柳编新旧动能转换的主攻方向。”谈到今后的发展，张东收信心满满。

就业创业在“春风暖流”中实现转型

阎红玉　郭志辉

翠绿的蔬菜、时令的水果以及花卉苗木在位于吉林省长春市九台区九郊街道的微雨众惠家庭农场里显得生机勃勃。“我们以‘互联网+农业’的方式生产运营，产品销售到了北京、上海等地。”该农场负责人孙海军介绍说。2016年，孙海军从山东返回家乡，创立了微雨众惠家庭农场。农场通过流转土地，吸纳周边农民就业，成为当地乡村振兴的重要力量。

近年来，九台区积极贯彻落实乡村振兴战略，开展“春风行动”“暖流计划”“就业脱贫”等专项行动，全面落实就业创业政策，使全区农民在就业、创业中实现转型。仅2018年，九台区全口径劳务输出转移24万人次，其中农村劳动力转移输出23万人次，开展技能培训52期，共培训农民1097人。

“这份工作我很满意，离家不远，收入也不错。”朱老六食品工厂车间里，来自九台区纪家街道的张微正在工作。2019年2月，在九台区民生大厦举办的“春风行动”农民工专场招聘会吸引了3000多人求职。就在这场招聘会上，张微找到了满意的工作。

每年春节前后，九台区都会开展以“春风行动”为主题的专场招聘会和就业服务主题活动。2019年，九台区先后举办了各种招聘活动8场，提供招聘岗位1.2万多个，通过招聘会与企业达成意向性就业1000余人。为了提高农民工职业技能，九台区举办了多次农民工向农技工转化培训活动，免费开办了计算机、面点等培训专业，学员结业后参加职业技能鉴定，合格颁发《职业资格证书》，2018年全年共培训1097人。

为了进一步挖掘潜力激发农民创业热情，九台区壮大特色产业链，推动创业扩规模，扶持新型经营主体，发展农产品加工、特色种植、养殖等产业化项目。目前，九台区各乡镇、街道创建规模型返乡创业基地22个，创业基地直接引领创业667户，涌现了68名创业带头人，带动就业1.26万人。

网上销售农产品，已经成了九台区农民的新时尚。九台区主动顺应信息化发展趋势，积极发展农村电子商务。在城子街街道、其塔木镇建立了电商培训基地。在电商培训中，九台区创建了电商培训、项目孵化、线上线下运营“三位一体”平台，组织电商学员到创业基地参观实践，建立了创业合作联盟，基地为创业者提供农副产品，推介给学员线上线下经营，实现了互惠共赢。

“我们开发了电商、农家乐、农产品加工、大棚瓜菜、采摘园、水稻种植等扶贫项目。”九台区其塔木镇北大山农副产品有限公司相关负责人介绍，公司为当地村民销售鸡蛋、鸭蛋、大米、草编、蔬菜等农副产品，年营业额300多万元，带动就业213人，帮扶贫困户45户。

建设创业基地，不仅为乡村振兴增添了新的活力，也为九台区脱贫攻坚提供了重要平台。近年来，九台区严格落实“就业扶贫专岗”与“春风行动”政策，促进、吸纳更多贫困群众就业。截至2019年6月14日，建档立卡贫困劳动力实现稳定就业177人，“三无”人员就业扶贫专岗87人。通过“就业扶贫专岗”政策，共计解决了77名农村建档立卡贫困劳动力就业问题。

“三业”并举　凝聚攻坚合力

——陕西省平利县统筹推进产业家业就业促脱贫

胡明宝　沈奕君

从大山深处搬到陕西省平利县洛河镇洛河街村集镇安置区的贫困户谭荣平，通过技能培训找到了新工作。家中有产业、搬进新社区、门口能就业，正在成为像谭荣平这样的贫困群众新生活的生动写照。

脱贫攻坚战打响以来，平利县立足区位特征，紧扣县域实情，直面现实问题，着力从思想入手，探索出兴产业、置家业、扩就业“三业”并举促脱贫的举措，为县域经济汇聚起强大的动能。

绿色发展兴产业

“守着资源，难以变钱！”平利县老县镇木瓜沟村的返乡青年冉康用八个字形容回乡之前的感触。冉康明知道家乡地处富硒带，适合发展特色种植养殖，却迟迟不敢下决心。冉康告诉记者，一方面觉得产业选不准，另一方面感觉资金难筹措。县镇干部得知冉康的想法后，动员他回乡创业。2015 年，冉康回到老县镇，创办了平利县绿泰园生态农业发展有限公司。如今公司养鸽 2 万余羽，2018 年带动贫困群众 33 户 113 人。

强化主体带动是平利县实施产业扶贫的有效方式，为了落实主体带动，平利县把所有市场主体组织起来，建立“责任落实、利益联结、考核评比、政策激励”带贫机制，实行企业带动贫困户数量和效果与申报财政扶持项目资金、协调“两权”抵押贷款、安排扶贫支农再贷款、帮扶贫困户脱贫奖励“四挂钩”，实现 215 家市场主体带动 11288 户贫困户持续增收、稳定脱贫，“一对一”签订 5 年以上的帮扶协议，不脱贫不脱钩，脱了贫帮扶政策也不改变。

平利县按照“一村一品、一户两三业、长中短结合”的原则，抓住“5 个 10 万”产业发展目标不动摇，精准落实到村到户产业全覆盖，做到短期抓绞股蓝、畜牧、富硒粮油，中期抓中药材，长期抓茶叶，形成当下能脱贫、中期稳增收、长期能致富的产业格局。同时，盘活农村土地、支农资金和农村劳动力三大资源，选择培育承接改革主体，采取土地（产业园）流转入股分红、财政资金注入经营主体配股分红、互助资金协会发展内置金融配股分红等方式，投入财政资金推进“三变”改革，带动贫困群众稳定增收，实现市场主体发展、贫困户增收、集体经济壮大的“三赢”目标。

生态宜居置家业

从荒坡搬到安置区，从破旧的土屋到亮堂的民居，从守着几把木椅到崭新的冰箱、电视机，平利县正阳镇南溪河村三组的向顺芝一家 5 口经历了巨大的变化。从“老庄子”搬进“新社区”，向顺芝在新社区工厂上班，丈夫搞建筑，一家人从此过上了新生活。

打赢脱贫攻坚战，首先要解决群众的居住问题，平利县对此有着清醒的认识。平利县坚持把“两房”建设确定为脱贫攻坚战的首胜之役，按照精准搬迁、精准施策、精细管理要求，核准搬迁群众家庭信息、搬迁意愿和就业意向，面对面签订“三项协议”，坚持规划为先，实施有业安置，把搬迁工程建成“良心工程”“精品工程”。同时，按照“五新”社区建设要求，围绕一城十镇一百个移民安置区，大力培育新社区工厂，坚持总部在园区、车间在社区，确保移民搬得出、稳得住、快融入、能致富。

同时，平利县把人与自然和谐相处的理念贯穿移民搬迁始终，以建设美丽乡村为统揽，依托田园风光、茶乡风情和人文景观，按照景区景点的标准规划建设集中安置区，实现了移民搬迁与生态建设的互促共进、和谐共融。

开放招商扩就业

一人就业，全家脱贫。在平利县，新社区工厂让贫困群众在家门口端起了“饭碗”。城关镇马咀村的杨细烟在社区工厂上班，每月收入2000元左右，尽管是贫困户，但她对脱贫很有信心。

电子元件、服装手套、毛绒玩具、针织鞋帽……这些散落在平利

陕西省安康市平利县大贵镇后湾村的村民程芳在新社区工厂加工手套

各个地方的家庭式加工厂，订单充足、生产繁忙，老板有信心、工人有干劲。

脱贫攻坚战打响以来，平利县大力实施移民搬迁工程。远离了赖以生存的土地山林，搬迁农民如果没有稳定的工作，很有可能成为“住在楼房里的贫困户”。基于这样的考虑，平利县不断壮大新社区工厂扩就业，按照“总部在园区、工厂在社区、车间进村庄”的思路，制定出台《加快家庭手工业新社区工厂发展的若干意见》《扶持新社区工厂发展工作办法》等优惠政策。从领导包厂到部门联厂，再到干部驻厂，从规划立项、选址建设、登记注册，再到工人招聘、市场开拓等各个环节，平利县竭力为返乡创业者提供优质服务，终于筑巢引得凤凰归，努力让贫困群众在家门口实现就近就业。

近年来，平利县在完成招商引资任务的同时，建立劳动力就业信息台账，统筹各类培训资源，创新培训方式，根据不同类型、不同群体，开展劳动力就业转移培训、农村实用技术培训、就业技能培训，确保每个劳动力都能掌握一项增收技能，每个有劳动力的贫困家庭都有一人稳定就业。

情洒巴格万村

——新疆人社厅“访惠聚”工作队驻村扶贫授之以渔

刘　昊

种植户古丽尼格尔正在采摘黑木耳

新疆维吾尔自治区库车市阿拉哈格镇巴格万村是一个人多地少的村庄，是自治区深度贫困村，自治区人力资源和社会保障厅工作队驻村以来，因地制宜，以提高村民就业为基础，发展产业，带领村民走上脱贫致富路。

新疆人社厅驻巴格万村“访惠聚”（访民情、惠民生、聚民心）工作队总队长李军说，在自治区决定下派驻村工作队帮助当地老乡发展生产早日脱贫的目标任务后，他是人社厅第一个报名的人。2014 年驻村满一年后，李军带着对当地深深的牵挂和 12 个村的调研材料回到厅里。经过一番思考，李军整理出如何对当地贫困村实施有效帮扶带动村民尽快脱贫的工作思路和方法，向厅党组请求再次带队驻村，并在2018年作为工作队总队长获准再次驻村三年。

因地制宜搞培训　学好技术就业不再难

“各位村民：市一家塑料厂需要工人15人，一家农资企业需要8人，城建集团需要砖工80人、钢筋工45人、木工30人……”

一早，巴格万村党支部书记艾海提·库尔班就开始在村广播站和微信群中播发就业资讯。2020年3月，新疆开始复工复产，巴格万村民纷纷外出打工，一个星期内，外出务工人员已达到160余人。

“记得3年前，工作队多方努力，在城里找到了40岗位，报名的村民达600多人，大家都抢着去，可是因为不会普通话又没有技术，最终能成行的很少。”艾海提·库尔班说。

工作队利用农牧民夜校组织开展创业就业讨论会，针对纺织、烹饪、电焊等工种开办技能培训。

“从不懂普通话不敢出村，到怀揣技术我们要出去，村民的思想发生了深刻变化。”阿布拉·艾合买提说。他有两个孩子正在上学，妻子又患有心脏病，如今他在库车市华锦化肥有限公司务工，月收入近4000元，全家于2018年年底顺利脱贫。

在钢管厂务工的艾海提·吐尔地说：“我们有42人常年在钢管厂打工，今年受新冠肺炎疫情影响，大家在家里待一个多月，心里急，复工时还多来了3人，全都安排了工作，吃住都在厂里，最低每月工资3500元，最高的能拿7000多元，大家都在比着干。”

艾海提·库尔班说，走不出村的村民也都各有去路：村头开业的28家商铺安置了50余人，乐器厂上班的村民有12名，致富能手玉苏甫·托乎提的基建队固定了24人就业，村木耳生产基地需要60余人，林果合作社和养殖合作社安置27人。

发展产业　让黑木耳成为村民致富的“黑黄金”

“李书记，你快来看看我家的木耳，长了很多霉点。”2020年6月15日，贫困户尼扎木·肉孜发现自家大棚里的部分黑木耳长了霉，立即找工作队帮忙。工作队请来浙江援疆项目部黑木耳种植技术指导员熊厚林为他家的黑木耳诊断，经过仔细察看后，将霉菌排出。

作为自治区级深度贫困村，160户550人都盼着能早日脱贫，而产业扶贫是贫困地区群众脱贫的主要方式之一。“发展什么产业，从何引进技术，如何拓宽销路，怎样推广应用”一直是工作队迫切需要解决的问题。通过征求村民意见建议、实地调研等方式，探索出一条适合巴格万村的“产业+技术+销路+应用”的黑木耳特色种植之路。

经过专家团队多次实地勘察，“库车县阿拉哈格镇巴格万村黑木耳种植基地”已开工建设。基地占用的是集体土地，占地约15亩，共建造50座拱棚，种植12万株菌棒。为确保黑木耳尽早开始种植，村民们齐心协力，打制了一口160米的深井。

为解决村民不会种、种不好的难题，工作队邀请浙江援疆项目部和库车县农业技术推广站的专家团队长期跟踪指导，还对60户有意愿种植的贫困户开展“一对一”帮扶，就棚室消毒、菌棒下地、出耳管理、采摘、晾晒等环节进行“手把手”培训。

如今，尼扎木家大棚里的黑木耳进入采摘期，一片片又黑又大的黑木耳显示出丰收景象。“有了工作队和技术人员的指导，现在我种的黑木耳长势不错，希望第一茬就能卖上好价钱。”尼扎木高兴地说。

李军对记者说：“对于50个大棚的分配问题，工作队决定在全村进行一次摸底，对那些没有外出务工劳力的家庭、易致贫返贫的家庭进行统计后，将大棚分给这些刚脱贫不久还不稳固的家庭来种植，可以说，这是贫困户的兜底大棚。”

阿斯亚木·尼扎木以前是村里的贫困户，孩子们都在上学，一家人仅靠丈夫打零工维持生计。工作队向她介绍黑木耳产业的前景，鼓励她种植黑木耳。现在阿斯亚木家种植的 2 亩黑木耳让她们一家脱了贫，成为增收致富的主要门路。

7 月，巴格万村的黑木耳已进入盛产期，大棚内的菌棒上长满了密密麻麻的黑木耳。村民们每天走进大棚，采摘合格的黑木耳，一会儿工夫，一桶桶黑木耳便陆陆续续被运出来进行晾晒。看着一茬茬黑木耳受到市场欢迎，工作队总结成功经验，决心做大做强以黑木耳为主的食用菌种植产业，发展“订单农业”，让村民无后顾之忧。在前不久人社厅举行的“结亲”周上，木耳种植户古丽尼格尔说：“我是巴格万村的木耳种植户，今天自治区人社厅结亲周组织大家参观了木耳基地，借这个机会我卖出去了 6000 多元的黑木耳，真的特别开心。”

“引导村民发展特色种植是促进稳定增收的途径之一，我们将继续引导村民，进一步推广应用黑木耳特色种植项目，注册推出‘巴格万黑木耳’品牌，让老百姓尝到增收的甜头，让黑木耳成为村民致富的‘黑黄金’。”李军信心十足地说。

福安市乡村物流中心助力返乡青年创业

张文奎

“五一”小长假，福建省福安市松罗乡的乡村游好不热闹，在松罗客运站旁的松罗农产品电商物流服务中心里，游客王建榕正在挑选松罗特产。他说：“在客运站旁建农特产品电商物流中心我还是第一次见，刚好等车就进来看看，打算带几瓶松罗酱油回去。”

乡村振兴，产业兴旺是重点。近年来，福安市松罗乡把发展“一村一品、多村一品、一乡一业”作为推进现代农业、促进产业扶贫的主要抓手，结合葡萄、茶叶、中药材、食用菌、果树、反季节蔬菜、乡村休闲游等产业，加快构建农村电子商务、现代流通体系建设，通过“电商 + 物流”助推乡村振兴。

松罗乡党委书记缪建辉说：“松罗乡地处偏远，交通物流是瓶颈，没有打通这一环节，我们的产业、电商发展就是‘无脚鸟’，飞不远。”该乡以绿声源乡村服务中心为载体，借助松罗客运站交通便捷、人流集中的优势，于 2018 年在客运站大楼内，建成松罗农产品电商、物流服务中心，农产品电商主要为农民提供网络代购和农产品销售等服务，物流服务中心则解决乡村的二级配送问题。

在面积 2000 平方米的松罗农产品电商物流服务中心，“一村一品”农特产品展示区、办公区、创业区、仓储物流区和农村综合服务区等五大功能区一目了然，所有松罗特色农产品都在醒目位置展示。“我们提供农特产品产销对接、仓储物流、电商创业孵化、乡村教育、精准扶贫等方面服务。”绿声源乡村服务中心运营负责人郑跃忠介绍。

以中心为集散点，松罗乡通过整合供销 e 家、农家店、邮政及大型物流配送企业、顺丰冷链物流等各类商贸流通资源，设立市—乡—村三级服务网点，建设完善农产品配送体系。

“我帮村民网淘过猪圈，几百斤的东西也是免费送达。目前，松罗乡电子交易、网上购物、在线支付协同发展的物流配送体系已初步形成，实现了电子商务进农村的目标。”农村淘宝松罗站站长苏文奇说。

松罗乡还将电商物流服务中心从镇区延伸到乡村一级，以乡村服务中心为主要窗口，一方面在线上、线下同时集中展示松罗特色农产品，提升产品知名度，促进销售。另一方面，设立农村电子商务服务平台—合作社—农户等不同层级信息采集员，确保信息收集与发布的时效性，动态显示市场供需信息，引导和鼓励农民、种养殖大户、农民专合组织、农产品生产基地、农产品加工企业有针对性地发展农业生产。

“电商 + 物流”发展模式，成为松罗乡扶持农村青年创业、突破农村网络基础设施、电子商务操作和物流配送等瓶颈制约的重要举措，也取得良好成效。在松罗乡柳溪村，葡萄种植是村民的主要收入来源，以前只能等客商前来收购，非常被动，大前年开始尝试电商卖葡萄，但受限于交通物流，只能销往省内城市，且物流费用较高。

“乡里帮我们打通物流瓶颈后，销售半径明显扩大，去年我们的葡萄就销往北京、上海、武汉等地。葡萄亩产值也达到了 15000 元左右，成为村民增收致富的可靠来源。”柳溪村党支部书记柳建英说。

“下一步，我们将把中心建设成为了解、融入和支持松罗农特产品的窗口，促进实施松罗乡‘1+N’模式，做精、做细、做优葡萄产业，形成以葡萄为主，带动并促进葡萄大棚套种、獭兔养殖、灵芝种植、生物有机肥生产、观光休闲、电子商务、村淘及果品深加工等新兴产业的‘现代生态循环农业’发展格局。”缪建辉说。

庐江贫困户“触电”致富

李琭璐　钱良好

徐玉慧（左一）向客户展示产品

近年来，安徽省庐江县深入建设和完善农村电子商务公共服务体系，培育农村电子商务供应链，促进产销对接，带动贫困人口稳定脱贫，推动农村电子商务成为农业农村现代化的新动能、新引擎，为农产品插上互联网的翅膀，打通电商助农“最后一公里”。

土货变成“网红菜”

“这一树洁白的小花，就是百花菜，它生长在大山深处，享受阳光和泉水的滋养，是绿色食品，可凉拌，可红烧，味道极其鲜美！”近日，一场直播带货活动在汤池镇百花村开展，主播名叫徐玉慧，通过她的直播，很多当地土货都变成了“网红”。

2020 年，百花村种了 300 多亩百花菜，因为疫情一度滞销。直播后，一张张订单纷至沓来，靠着徐玉慧的电商供应链，不到 24 小时，沾着露水的百花菜就被送到了城市的超市货架。

其实，百花菜的“成名”之路并不顺利。百花菜是树上开的一束束白色的小花，是庐江特有的蔬菜，清香、味美。刚发展的那几年，常常滞销。今年 36 岁的村民贫困户苏杰清楚记得，2018 年春天，他家收获了 100 斤百花菜，满怀希望挑到了县城出售，结果 3 天只卖出 10 斤，后来辗转去合肥市卖，还是卖不动。

“养在深山人未识啊！”汤池镇党委书记钱中军坦言，百花菜靠农户自产自销，市场仅限于汤池当地，卖不上价。“当时，有的农民想把百花菜树苗砍了当柴烧，产业发展进入两难状况。”

产业迎来转机是在 2019 年 1 月，徐玉慧注册庐江县电商扶贫产业园电商销售平台，在阿里巴巴、淘宝、拼多多等多家网站上注册了 6 个电商店面，经营的产品涉及庐江县 17 个镇 280 多种当地有特色的农产品。

2019 年春天，徐玉慧将百花菜作为名牌产品推向全国，一举获得安徽省农产品销售前 20 名，百花菜获得“安徽省热销扶贫产品”称号。

“没想到，山里土货真变成了‘网红菜’！还可以搞林下经济，养鸡、养鹅，真是一次种植，长期受益。”苏杰不但因此脱了贫，而且还脱了单。

庐江县各地在推进农业供给侧结构性改革过程中，把电商助农融进整体规划中，实现从“产什么卖什么”到“市场需要什么就生产什么”的转变，像汤池的百花菜、白湖的荸荠、万山的草莓等都成了家喻户晓的“明星”，助力了农业增效与农民增收。

流量变成“新农资”

“我家原本还愁销路的4000斤草莓现在都卖掉了！”万山镇果农宋超种植基地滞销的草莓，通过“电商助农”以直播带货的形式在一天内销售一空。

直播现场，村里电商网点负责人陈迎春来到草莓基地进行现场直播销货，宋超在一旁看得眼花缭乱。“1万、2万、5万！”网店粉丝人数一路上涨，种植户格外兴奋，“太棒了，积压的草莓山总算不愁卖了！”

“点赞”“下单”不停刷屏，手机屏幕上弹幕滚动，宋超和同伴们忙前忙后，一场直播就接了3000多单，草莓卖了2万斤，茶叶2000斤，鸡蛋2万多枚！

草莓是万山镇农民的致富产业，全镇种植面积有1万多亩。因为疫情，往年排成长龙采购的卡车不见踪影，种植户犯了难，“这样等下去不是办法，草莓是时鲜货，成熟了不出售，就会腐烂在地里，咱不能眼看着农户一年的辛苦打了水漂。”万山镇副镇长夏俊决定一边联系线下客商，一边在网上找机会。

就在这时，夏俊发现本镇“网红”陈迎春经常在网上直播卖货，于是请他来到种植基地为草莓代言。“我们这儿的草莓，个儿大味甜，奶油味浓，适合鲜食，还可以做成蛋糕、果盘。”陈迎春当场拿起草莓，介绍起花式吃法，很快，在线观看人数超过了3万。

“直播成了新农事，流量就是‘新农资’，一根网线，让草莓飞出了山村！”宋超感叹，一场直播，让他们的草莓火了起来。紧接着，他也在网上开了直播，现在他和种植户一起每天直播两小时以上，带动草莓基地热闹起来，大家忙着打包装箱，发往全国各地。如今，两万多斤滞销的草莓基本卖完，大都靠的是线上销售。

据庐江县农业农村局负责人介绍，庐江县正在构建产销对接长效机制，在建设优质特色农产品产业链和供应链上下功夫，实现初级农产品向适合网络销售的农商品转变，促进电商平台企业与农村特别是贫困地区建立长效稳定的购销关系。同时开启“县镇长当主播、农户多卖货”模式，推动田间到餐桌的“超短链”，有力地促进了农产品销售，振兴了乡村经济。

打通“最后一公里”

“目前，全县建成了村级电商服务网点 230 个，覆盖全县 230 个行政村，24 个贫困村也同时建成村级服务网点 24 处。”庐江县商务局电商科相关负责人介绍，“我们选择产品好、有意愿的农产品经营主体，推广‘4+’模式，即‘电商主体 + 扶贫产业园 + 合作社 + 农户’模式，建立稳定长效的扶贫利益联结机制，引导农户在电商产业链上就业或销售自产地产品。”

庐江县是农业大县，有各类名优农产品生产和经营主体 80 余家、名优农产品 50 余种。为了给滞销农产品找出路，不少干部、农民纷纷走进直播间，为农产品代言，助力农产品销售，但是也出现了不少问题，畅通电商助农“最后一公里”还有诸多问题要解决。

“有时一场直播下来，有几千个单子，但是货却紧缺，造成延时发货。”徐玉慧回忆，2018 年，她第一次直播采收百花菜之后，不到一小时，下单 1000 多单、2000 多斤，可是库存严重不足，延迟了发货。为了保障供应县里与徐玉慧建立长效合作机制，以销定产，继续扩大种植面积。她自己也流转 50 亩山地，建立了种植基地，带动了 50 多名贫困户就业，让他们实现了稳定脱贫。

夏俊记得，2019 年 8 月底，万山镇约请淘宝主播薇娅，以直播形式销售新品葡萄——阳光玫瑰，在线成交 1.6 万多单，店铺销售额达 100 多万元。但因为囤货的设备不到位，造成了部分葡萄变质，客户收到货物之后，十分不满意。

“农产品电商，不是简单把农产品搬到网上，更重要的是通过市场倒逼，实现产业链的变革，实现农产品从种到销的全程标准化生产，完善贯穿生产、流通和销售全流程的数字化供应链。”高伟峰说。

为此，庐江县加大名优特产品的生产规模、畅通物流、加大资金扶持力度，让更多农民“接得住”电商这项新技能。与此同时，创新推出电商孵化模式，培养更多本土专业人才。

“下一步，我们要以电商倒逼农业转型升级，发展农产品精深加工，提升电商产业链增值空间，带动更多农民‘触电’致富。”庐江县政府相关负责人说。

现代农业产业园与农户“利益共享”

吕兵兵

农户可以到园区务工、承包运营大棚，园区工资保底、订单收购让贫困户没后顾之忧；再按照10%以上的比例利润分红激发贫困户多劳多得的内生动力；园区与周边农村、农户“利益共享”。山东成武的农业产业园区，在主体选择、资金整合、园区共建、模式创新等方面进行了诸多有益探索。

一处现代农业产业园区建成了，农户可以到此务工，有一定能力的可以承包运营大棚，周边农户原先有大棚的，可以申请园区的种苗、农资、技术、市场等服务；园区还承接各类扶贫项目落地，并按照10%以上的比例为贫困村和贫困户分红……这就是山东省成武县汶上集镇现代农业产业园全方位带动小农户的创新实践。

“整合项目资金，对接高端主体，共建现代农业园区，打造现代农业的‘标杆’和‘灯塔’，示范带动一地现代农业发展和农民增收，是成武近年来推进脱贫攻坚和乡村振兴的一项主要举措。”成武县委副书记韩耀辉说，“如何以园区为平台，让大主体更好地带动小农户？成武围绕主体选择、资金整合、园区共建、模式创新等方面进行了诸多有益探索。”

让农户多方式参与多渠道增收

汶上集镇秦田庄村39岁的贫困户陈世秋，上有年迈父母，下有3

个未成年的孩子。为了一家人的生计，前些年他一直在成武县城打工。后来，妻子韩秀菊被查出了乳腺癌后，为了给妻子治病并方便照顾妻子儿女，2016年他在家建起了一个占地5亩的蔬菜大棚。

然而，一方面是照顾家庭太费精力，一方面是管理技术不到位，陈世秋的大棚效益不好，眼看就要放弃了。去年底，镇上现代农业产业园的运营方，向他伸出了援助之手：垫付资金帮助更换了棚膜，提供了五彩椒种苗、有机肥料等资料，并提供全程技术指导；收获的五彩椒由合作社全部按市场价采购，所得收益除去合作社垫付的1.6万元成本后全部归他所有；如果市场行情不好，产品卖不到1.6万元，合作社每天按固定工人工资支付给他70元。

这样，陈世秋不光解决了大棚管理缺乏资金、技术的问题，也解决了蔬菜卖不出去的问题。目前，他种的五彩椒第一茬就卖了1.5万元，预计7月份大棚效益能达8万多元，除去成本1.6万元，纯利润预计超过6万元，将彻底解决他的家庭困难。

秦田庄村贫困户樊兆生，夫妻俩没有一技之长，儿子体弱多病，家里没有大棚，只有一膀子力气，选择到产业园打工。“签合同时就开了眼，人家不仅给缴意外保险，工资还分好几档，我瞅了瞅，只要干得好，一年能挣五六万。”樊兆生说。

吸纳以贫困户为代表的小农户到园区务工，同时学习管理种植技术，是当前大主体发挥带动作用的主要方式。然而，如何把小农户与大主体绑到一条战船上，既激发贫困户内生动力，又提高园区的管理效率和运营收益？园区推出了“保底工资 + 利润分红”的管理模式。

据介绍，园区成立了尚远果蔬种植农民专业合作社，把大棚分包给务工农户管理，每人每天70元保底工资。在此基础上，农户再按利润进行分红：大棚纯利润达到1.5万元的，按10%分红；以后每增长1.5万元的利润，递增10%的分红。“俺用心学、用心干，赶上今年菜价高，估计着利润能达到 5 万。私下算了算，俺今年至少能挣这个数。”在产业园承包大棚的牛爱秋伸出 4 个手指头，脸上乐开了花。

让园区在“利益共享”中健康发展

园区的建设和运营主体，是来自“中国设施蔬菜之乡”山东省寿光市的众城农业公司。据成武县扶贫办主任刘持金介绍，这是一个集大棚建造、育苗、种植、销售、设备加工于一身的现代农业专业团队，既有雄厚的资金，又有专业的技术人才，还有稳定的国内国际市场。

产业园首期项目占地400亩，总投资1500万元，包括40座冬暖式日光温室、7 座高标准现代拱棚、2 座高标准连栋薄膜温室、1 座智能玻璃温室和 2 座高标准阴阳棚，于 2018 年 4 月份开始建设并于 9 月份投产。冬暖式日光温室主要种植彩椒和立体种植西红柿、小黄瓜、甜瓜，高标准现代拱棚主要种植水果黄瓜，玻璃温室主要种植南瓜，阴阳棚主要用于基质栽培叶菜类蔬菜。

目前，产业园区种植蔬菜长势良好，彩椒、黄瓜、南瓜等产品供不应求，国内主要销往广州、深圳、上海、成都等大城市，对外出口东南亚。

众城农业总经理王兴忠，20 世纪 90 年代就在寿光随父辈种植大棚蔬菜，后来立足寿光设施蔬菜产业优势，开拓了大棚建造、种苗繁育、园区运营、市场开拓等业务，先后在内蒙古、宁夏、河南、山东、江西等地建设或运营现代农业园区。

“设施蔬菜用工环节多、技术细节多，技术到不到位、管理上不上心，对大棚效益影响很大。而且，园区在一地落地，如何融入周边农村，让农户有更多参与感、获得感，都对园区运营质量有方方面面的影响。”谈到园区运营经验，王兴忠有着冷静的思考。

王兴忠明白，只有与周边更多的农村、更多的农户“利益共享”，才能为园区长远健康发展奠定基础：汶上集镇园区已招纳66人到园区承包大棚，招纳务工人员150多名，今年蔬菜行情好，预计承包大棚农户年平均收入可达5.4万元；园区周边已有五位农户将自建大棚与园区深度合作，成了园区扩大规模的“新车间”，带动农户户均增收8万元；成武县已整合1500万元扶贫资金嫁接到该园区，可为当地93个村的3650户贫困户年分红150万元。

“更多的农户增收了，园区今年的利润也有望达到300万元。目前，产业园正积极筹措二期500亩扩建工程，成武县也将继续整合投入扶贫资金2300万元，让更多贫困户在园区健康发展的平台上实现共享共赢。”王兴忠说。

让老旧村庄焕发新活力

——探访长沙理工大学“新房、新产业、新技术”驻村帮扶之道

杨　娟　邓崛峰

提质改造后的脐橙园喜获丰收，枧杆山村致富带头人何顺兵在采摘脐橙

2019 年冬季，湖南省新宁县水庙镇枧杆山村暖意洋洋。这暖意来自接二连三的喜事儿：全村 64 户贫困户全部从高山深处搬了下来，完成了乔迁之喜；村里引进的家纺、竹制等新产业，让村民在家门口实现了就业增收；第一年采用的“鸭稻共生，酵素种养”等综合种养技术

获得成功，实现了鸭、稻双丰收。

新房、新产业、新技术，让老旧村庄枧杆山村在11月28日通过邵阳市脱贫验收组核查，彻底摘掉了“穷”帽。而这一切，离不开枧杆山村的扶贫结对单位——长沙理工大学的精准帮扶。

枧杆山村是湖南省级深度贫困村，共410户，其中建档立卡贫困户119户，456人。村里的贫困，很大程度上源于恶劣的地理条件和自然环境。不少村民住在海拔700多米的深山，坡陡路远、地质松软。土木结构的农房，遭遇山体滑坡后受损是常有的事。2014年，枧杆山村整村被评为地质灾害村。

“不搬出去，只能继续受穷！”2018年3月21日，长沙理工大学扶贫工作队正式进驻该村，实施为期三年的精准扶贫工作。驻村后，工作队把“易地搬迁”作为工作的突破口。

在长沙理工大学党委相关负责人看来，“易地扶贫搬迁，不仅要搬得出，还要稳得住、过得好。而只有靠可持续产业的发展和多渠道增长技能，才能让群众过得好，获得稳稳的幸福”。

驻村帮扶两年来，长沙理工大学落实脱贫攻坚建设资金1069.35万元，完成消费扶贫金额1144.9万元；全村新建和硬化道路626米，林道2000米，机耕道1930米，硬化脐橙园道路1270米，防渗硬化山塘4个，硬化水渠4358米，对119间房屋进行安全等级评估；改造完成近50间房屋，新建2座、加固6座桥梁。

搬进新房　生活安稳舒适

从村部出发，沿着蜿蜒曲折的山路盘旋而上，仍可看到好几处被清理过后的山体滑坡的痕迹。

多年前发生的数次严重滑坡，至今还让村民心有余悸。“小滑坡每年不断，大滑坡几年一次。”在枧杆山村合并之前的原官田村老村长杨承云的记忆中，最严重的是 2017 年 7 月 1 日的山体滑坡，冲毁了山上 10 多户农房，还好村民及时安全转移，没有人员伤亡。

2017 年，枧杆山村被纳入易地扶贫搬迁计划。尽管住在山里各种担惊受怕，但部分村民对于搬迁还是有所顾虑：有的刚建了新房没多久，不舍得搬；有的老人住惯了山里，不愿搬；有的担心丢下了山里的稻田之后口粮没着落，不敢搬。

“没有居住的安全，哪有稳定的生活、长远的幸福？”驻村扶贫队队长宋刘斌认为，精准扶贫，就像搞科研做项目一样，先要有充分的论证，才能让群众信得过、放心搬。

学校先后选派了近 20 名交通、水利、测绘、城乡规划、农作物种植、水产养殖等方面专家和180余名大学生、40余名研究生到扶贫第一线调研、勘察，确保易地搬迁后的项目规划科学合理，能有效落实落地。

当扶贫工作队一次次上山走访，把制定出的《长沙理工大学驻新宁县水庙镇枧杆山村扶贫开发工作规划（2018—2020）》《枧杆山村产业规划》等一个个规划捧到村民面前时，村民们的种种顾虑一一消除了。

新居选址在交通便利的水庙镇政府附近。2019 年 7 月起，枧杆山村 64 户贫困户陆续往下搬，新房里水、电、厨房灶台都安装好了，住户只管买家电拎包入住。

搬下山来的好处，杨承云数不过来：到村镇办事方便了，出门就到；孙女上学近了，不用专门租房陪读；再也不用担心下雨天山上塌方，晚上睡觉踏实了……

引进新产业　发展稳健向好

过去只有村民外出务工，从来没有车间进村，长沙理工大学扶贫工作队引进扶贫车间的计划，让这个闭塞山村的村民为之一振。

为了让搬下来的群众有活儿干、稳得住，驻村扶贫工作队根据村情引进新产业，目前，开设了两个精准扶贫车间——湘潭市华艺家纺有限责任公司的制衣车间、小军竹木制品有限公司的竹制品车间。

“我们公司不缺订单，却一直缺人力。把车间搬进村，正好可以解决公司用工难的问题。”湘潭市华艺家纺有限责任公司负责人许利华告诉记者，公司投入资金、提供技术和订单是一件“双赢”的好事。

扶贫车间的第一次招工，设置了“贫困户优先，技术工人优先”的原则，杨艳群第一个应聘。

杨艳群是村里的贫困户，2017年的山洪导致她家房屋损毁，她与其他63户村民被纳入易地扶贫搬迁计划。

“扶贫工作队免费送我们出去进行了近一个月的技能培训，学到了一门缝纫技术。”谈起未来生活，杨艳群充满自信：“我们拿计件工资，现在的工资每个月近3000元。”

目前，华艺家纺扶贫车间吸纳了13名固定工人，小军竹木制品“识筷”车间安置了近20名贫困户就业。

在一次次走访摸底中，驻村扶贫工作队成员发现，村里的老人、妇女都会手工缝制布鞋，可是，以往这些做工精美的布鞋只供自己和家人穿，从来没有变成过商品。

“不能让村民的‘拿手活儿’浪费了！”扶贫工作队又在筹划成立一个传统手工布鞋加工车间，地点就设在易地搬迁扶贫安置点上，村民一出家门就能上班。

新引进、成立的车间，能否在枧杆山村发展起来？对此，枧杆山村支书杨忠祥很有底气：在扶贫工作队的全力帮扶下，村里的干部和党员干劲十足，贫困户也特别珍惜工作机会，所有力量拧成一股绳，每个产业都以稳中向好的势头在发展。“拿制作军训服装和床单的扶贫车间来说，随着工人的技术越来越好，村里决定成立公司，以后车间除了生产合作企业提供的订单外，村里还会自己寻找订单，开拓周边的新市场。”

学习新技术　好日子行稳致远

新产业在村里落地生根，而水稻、脐橙等老产业在新技术的引导下也走上了转型发展之路。

“村民过去种水稻，化肥农药随意撒，很少考虑稻谷品质和种植效益，直到扶贫工作队员刘军驻村后，村民才开始转变观念。”杨忠祥说。

有着多年高标准水稻种植经验的刘军主动申请加入扶贫工作队后，对队长宋刘斌说的第一句话是：“你把我放到田里去，我要带着村民发展‘鸭稻共生，酵素种养’综合种养模式，产出高品质大米、发展高效农业。”

山上的田废弃多年，要重新种植，几乎等同于开荒。刘军组织村民肩挑马驮，开沟通渠，整理了100亩水田，进行高标准有机水稻种植示范。同时，带动村民在山下种植了500亩绿色水稻。

高标准有机水稻种植技术，把外出务工多年的村民何顺兵吸引回来了，成为村里致富带头小组组长。

“鸭稻共生，酵素种养”技术，让水稻实现了化肥农药零投入，其生产的高品质稻米，每斤卖到了38—48元。跟着刘军学习稻田综合种养、稻谷加工技术，何顺兵有信心带着贫困户通过种植水稻奔小康。

“新宁脐橙”是国家地理标志保护产品，而枧杆山村有着50年的脐橙栽种历史。村民告诉记者，由于品种老化、种植方式落后，村里脐橙近年来的口感偏酸，销售价格偏低。

长沙理工大学扶贫工作队请来了学校专家团队，通过“把诊问脉”，专家团为村里制定了450亩脐橙老园提质改造方案，同时针对易地扶贫搬迁户，新开辟150亩新果园，并开展脐橙种植技术培训，采用科学剪枝、合理密植、酵素肥料等技术，打造高山生态脐橙园。

“我们致力于从改变施肥方式入手，用自己研制的酵素有机肥逐步取代多年来被滥施滥用的化肥，实现脐橙的生态种植，提升脐橙的内在品质。”长沙理工大学化学学院陈永发老师说。

“今年的果子外观更美、口感更好了，价格比去年高，完全不愁卖。”杨忠祥告诉记者。虽然村里已经摘帽，扶贫工作队最终也会撤走，但是工作队留下来的先进种植技术将让村民受益无穷，他们今后的好日子定将稳稳当当。

“搬出来”的幸福生活

——贵州省晴隆县的脱贫秘方

刘久锋

晴隆县建隆摩托的就业扶贫车间吸纳贫困劳动力就业，让易地移民搬迁户在家门口就能就业

农民住进景区，家门口有就业，每天晚上跳起脱贫舞，村民都吃上了旅游饭……这样的表述，说的是深度贫困地区贵州省晴隆县的脱贫之路。

地处黔滇桂三省（区）石漠化集中连片特困地区腹地的晴隆县，境内山高、坡陡、谷深、水低、土薄，石漠化和工程性缺水严重，是国家52个未摘帽县和贵州省“9+3”重点县之一，脱贫攻坚工作的压力和难度，可想而知。

2020年深秋时节，记者来到贵州省晴隆县，走进易地扶贫搬迁点、产业基地、扶贫车间，和当地干部群众交流，深切地感受着贫困县的干部群众要脱贫、盼脱贫、战贫困的精气神，感受着贫困县在几年间天翻地覆的变化。

搬迁住进景区
每天跳跳舞，唱唱歌就能挣钱

“搬迁不忘政府助，幸福全靠党恩深”……在小镇里游走，不少“新市民”的门上都贴着感党恩颂党恩的对联。“要是没有党和政府的帮助，也许一辈子就住在山上了。以前娃娃上学远，山路也不好走。现在交通什么的都很方便，生活简直发生了天翻地覆的变化。”搬迁群众三宝彝族乡干塘村村民杨必芬高兴地对记者说。

阿妹戚托小镇是晴隆县最大的易地扶贫搬迁安置点，容纳该县各乡镇的8000名搬迁户，其中5000多人来自全国唯一一个整乡搬迁的彝族乡——三宝彝族乡。

从挂在半山腰、“一方水土养不起一方人”到住进国家3A级景区，从产业发展零散、为“吃”而生产到盘活土地发展林下经济，阿妹戚托小镇正在嬗变：山区变景区，农民变市民，土地成了“聚宝盆”。

为了解决当地居民“搬后怎么办”的问题，当地政府充分挖掘彝族文化内涵，融合民俗与民族特色设计布局，将阿妹戚托小镇打造为国家3A级景区、旅游扶贫示范小镇，并组织开展丰富多彩的民俗表演活动。居民们经过就业技能培训后可参加演出，让他们搬迁后有事可做。

阿妹戚托是当地彝族的传统民间舞蹈，意为姑娘出嫁舞，是彝族姑娘出嫁前夕举行的传统群体性舞蹈，2014年被列入第四批国家级非物质文化遗产名录。舞蹈以脚为主要载体，踏地为节，节奏欢快、气氛热烈，被誉为“东方的踢踏舞”。如今，“阿妹戚托”已成为当地彝族文化的代表。

每天晚上8点，阿妹戚托小镇金门广场上都有“阿妹戚托”歌舞表演。独具特色的民族歌谣，红红火火的祭火仪式，吸引了来自省内外的游客，他们纷纷加入队伍中体验民族风情。

小镇所在的三宝街道宣传委员彭永贵说：“用民族文化引领旅游，以旅游产业带动发展，我们号召老百姓来进行民俗舞蹈表演，当地的旅游企业给他们钱，游客来了也会给他们带来收入，老百姓的日子自然就会好起来。”

34岁的文安梅是阿妹戚托小镇的居民，她14岁便开始学习阿妹戚托。异地搬迁之后，在当地政府的支持下，她牵头成立了一个艺术团，共有14名正式团员和100余名群众表演者。他们每天晚上在景区的居民广场表演阿妹戚托，让更多的人看到了彝族文化的独特魅力。

“我们的群众表演者，每天晚上从7点表演到9点，一个月有1000元的收入。如果他们表演得很好，我们也会把他们吸纳到艺术团之中。艺术团团员转正后每个月会有3580元的收入。”文安梅说。

“这个工作不复杂，每天晚上8点到9点，拉起游客跳一个小时舞就行了，公司包教包会。”45岁的搬迁群众杨芬芳基本适应了这样的工作方式，“比在老家种苞谷轻松。”

如今，三宝街道实现了“山区变景区、农民变市民”的转变。未来，随着贵州全域旅游发展的步伐，三宝各族人民将在美丽的阿妹戚托小镇奔向更加美好的生活。

用双脚跳出致富之路，勤劳的彝族姑娘、风景宜人阿妹戚托小镇正在向人们诉说着脱贫的喜悦。

就业在农业基地
产业发展，农民变富

“一天 100 块钱，活轻松，不累人。”位于普晴林场内的大棚内，正在采摘红托竹荪的黔西南州晴隆县沙子镇“新市民”吴琴说。

“以前都在家带孩子，这几天孩子上学了才有空过来上班，这里离家近，每天还能去接孩子放学。”

位于晴隆、普安两县交界的普晴林场，总面积 3.6 万亩，其中在晴隆县地界的就有 2.8 万亩。2020 年以来，晴隆县依托普晴林场气候、水利、土壤等适宜发展林下菌药种植的自然条件，选择交通便利、地势平坦，林地相对集中连片的地区因地制宜种植林下菌药，林业的生态、经济和社会三大效益得到了充分发挥。

该县整合资金投资 3400 万元，在林场内种下红托竹荪、赤松茸、香菇等 4000 亩林下食用菌，其中红托竹荪 2000 亩、赤松茸 1000 亩、香菇 1000 亩。林下菌药从种到管再到收，每一个环节都需要大量的“产业工人”。

据介绍，普晴林场 4000 亩食用菌基地共吸纳了当地上千名群众进场务工，使他们端稳了就业“饭碗”。

采摘、烘干、包装……大棚里，“产业工人”忙得不亦乐乎。

“每天都有上百人在大棚里转，刚刚采完的竹荪，一会儿的时间又冒出新的竹荪来了。”家住腾龙岭社区的王忠美说，竹荪长得很快，一旦耽搁了采摘时间就会坏掉，所以大棚里一天 24 小时都有人在上班。

据晴隆县林下菌药指挥部副指挥长唐光辉介绍，2020年5月以来，普晴林场林下菌药产业已为当地群众提供务工5万余人次，种菌时用工高峰曾达到了每天1200余人。

“今年受疫情影响，很多以前外出务工的村民因为出不了门都被耽搁了。我们发展这项产业，不仅使附近的搬迁群众，也使这些没有出门的群众获得了不错的就业机会，端稳了就业‘饭碗’。”唐光辉说。

就业在扶贫车间
搬出大山，向幸福生活前进

“以前可不敢外出务工，家里两个孩子都年幼，需时时照看；父母年纪大了，也需人照顾。”此前，家住晴隆县莲城街道蔡家村的郭恒敏一家依靠老公在工地打工的收入勉强维持生活。2019年，想就业的郭恒敏得知开在家门口的就业扶贫车间——晴隆龙发服饰有限公司在招工，她便踊跃应聘上岗，成了一名生产工人，生活由此出现了转机。

走进扶贫车间，两百多台缝纫机纵向排开，“嗒、嗒、嗒”响个不停，裁剪、卷边、整理熨烫……员工们忙个不停，赶制即将销往外地的订单服饰。

在山水鞋业制鞋车间，100多名工人正熟练地进行机车操作。

来自三宝乡搬迁群众王阳花说：“以前住在山沟里，自然环境比较差，现在住在阿妹戚托小镇，环境非常好，交通便利，上班非常方便，公司还免费提供食宿，各种节假日福利，我在办公室工作，主要负责人员招聘、员工考勤等工作，每个月有3000多元工资。”

“搬过来后，我和我媳妇都在建隆新能源公司上班，两个人每个月能拿到6000多元工资，家里有两个娃娃在读小学，上班方便，娃娃上学也很方便，都在家门口。以前想都不敢想，现在政策好了，有新房

住，工作也有着落，娃娃读书也方便，不愁没人照顾。”从三宝搬迁到阿妹戚托小镇的杨武高兴地告诉记者。

据悉，除龙发服饰、山水鞋业、建隆摩托3家企业被认定为就业扶贫车间外，晴隆县还有14家扶贫车间。被认定为就业扶贫车间吸纳贫困劳动力就业的，可享受一次性就业补贴、职业技能培训补贴、创业担保贷款政策等优惠政策。

用勤劳的双手，摘掉“贫困户”的标签，文安梅、吴琴、杨武这样的群体成为新时代的追梦人。从破屋漏瓦到小楼洋房，每个搬迁群众在客厅中挂了老家和新家的对比照片，抑制不住脸上的笑容，“心里很暖，日子很甜，都是党和国家的政策好！”

“三间一代训”培育新型农民助脱贫

陈武帅　叶启伟

深秋时节，贵州省威宁县小海镇朱嘎村群众王东秀一边赶着鸭子在林间放养，一边向技术人员石开仁咨询养殖鸭子的技术。

王东秀今年 48 岁，一个孩子在读研究生，一个孩子大学刚毕业，还有一个孩子在读职业学校，属因学致贫建档立卡贫困户。2020 年 7 月，金沙县希望职业培训学校的养殖技术人员到村里开培训班，王东秀和村里的其他群众一起学习养殖技术。半个月时间，王东秀不仅学到了养殖技术，还领到了 600 元生活补助，并把学校免费赠送的 60 只鸭子领回家尝试喂养。如今，几个月过去了，王东秀养殖的鸭子很快可以出栏了。

“我们每到一个村开展培训班，都建立微信群，随时解决学员养殖技术难题，让他们掌握一门技术，依靠自身努力实现脱贫摘帽。”石开仁说。

“每个参加培训的群众都免费发放 60 只鸭苗，半年后就可以出栏，让养殖户净赚几千元是没问题的。最重要的是让他们掌握一门技术，增强后续发展致富的能力，比单纯的送钱送物效果好得多。”金沙县希望职业培训学校校长程世兵说。

据悉，目前在威宁开展农技培训机构共有 18 家，开办培训班 230 个，主要针对不能外出务工、又没有一技之长的贫困群众进行培训，从养殖技术、防疫接种、市场销售等进行一条龙服务，共培训群众1.34 万人次。

近年来，威宁人社部门以“三间一代训”（“三间”，即利用田间、车间、课间培训务工群众；“一代训”，即“以工代训”）模式，着力培养新型职业农民，让越来越多的群众掌握一门技术实现快速脱贫。程世兵开展的项目就是威宁组织的课间培训。

陶兴权一家是 2016 年的搬迁对象，从海拉镇黑多村搬到五里岗易地扶贫搬迁点阳光馨区后，过上了美好的生活。

黑多村山高坡陡，土壤贫瘠，生存条件极其恶劣。搬迁到五里岗后，在政府的引导下，陶兴权一家很快就找到工作，在五里岗雪榕生物科技有限公司金针菇加工车间当起了“上班族”，夫妻俩每月有五六千元的工资收入，一家人的生活有了明显改善。现在，陶兴权还买了一辆面包车代步上班，日子越过越红火。

雪榕公司是威宁人社部门选中的“以工代训”企业。目前，威宁以雪榕公司、农投公司等龙头企业带动贫困群众实现就业，他们在公司上班还能学习技术。截至 2020 年 11 月，威宁共开展“以工代训”培训群众 3736 人次。

田间培训是威宁培训群众的又一途径。农技专家杨华近几年一直在猴场镇格寨村“印落福地高标准苹果种植示范园”忙个不停，从苹果种植到拉枝整形、除草施肥、疏花疏果，一样一样耐心培训农民，不仅带富了村民，还留下了一大群懂技术、会经营的乡土苹果种植人才。

这些年，作为威宁名副其实的苹果专家，杨华不仅栽培出威宁品质最好的“冰心苹果”，还示范带动了威宁数十万亩苹果产业发展，给当地群众找到了致富的金钥匙。截至目前，杨华参与实施了“苹果不同品种对白粉病的抗性机制研究”等 40 多个科技项目，推广新技术 10

余项，培训果农、科技“二传手”12 万余人次。

在威宁，像杨华一样，董恩省、毛春、祖贵东等一大批农技人员和“田秀才”“土专家”常年深入田间地头，为种植群众传经授宝，把他们的苹果种植、蔬菜栽培、马铃薯种植等技术传授给广大人民群众，让群众依靠自身努力实现脱贫致富。

据悉，“三间一代训”可以提升培训就业率，对贫困劳动力开展“三间”培训后，邀请企业再进行实岗代训，通过推进农村产业革命解决一批、整合公益性岗位解决一批、实施重大工程项目解决一批、工业企业吸纳解决一批、推动服务业创新发展解决一批、完善安置点服务体系建设解决一批、创新林业资源开发解决一批、有组织劳务输出稳定务工就业解决一批“八个一批”，提高了贫困群众就业率。

“我们围绕就业抓政策保障，以实施农业实用技术培训项目为载体，组织农业科技人员通过大讲堂、田间地块培训会等形式，开展选种、整地、田间管理等实用技术简易培训，着力培育一批新型职业农民，带动务工群众实现增收致富。”威宁县人力资源社会保障局负责人说。

劳务输出篇

农民工返城进行时

——各地各部门出台措施促进农民工返岗复工

高　杨

2020 年 2 月下旬开始，新冠肺炎疫情低风险地区的农民工，怀揣着对新一年的期待陆续返城。

当前，疫情蔓延扩散势头已经得到基本遏制，防控形势逐步向好。但不可避免的是，疫情对我国经济社会造成了较大冲击，也影响到农民工就业以及农民的“钱袋子”。中央和各地纷纷出台政策，为农民工返岗复工保驾护航，为农民持续增收打下基础。

农民工就业事关重大

据国家统计局数据，2019 年，我国农村居民人均可支配收入 16021 元，实际增长 6.2%，继续高于城镇居民收入增速。在构成农村居民收入的 4 个部分中，工资性收入占比超过 40%，是其中的大头儿。尤其对于很多贫困家庭而言，一人就业更意味着全家脱贫。农民工就业对于稳定农民持续增收的好势头、如期打赢脱贫攻坚战，都具有重要意义。

然而，从受疫情影响较大的 2 月份经济数据看，采购经理指数明显回落，与农民工就业息息相关的非制造业受冲击最为严重，服务业景气回落、建筑业生产经营活动放缓，其中，交通运输、住宿餐饮、旅游、居民服务等人员聚集性较强的消费行业需求骤减，商务活动指数降到 20% 以下的“冰点”；建筑业商务活动指数为 26.6%，较上月下降 33.1 个百分点。

影响直接体现在就业上，从从业人员指数看，2 月份指数为 37.9%，比上月下降 10.7 个百分点，其中服务业下降 8.5 个百分点，建筑业更为明显，下降 23.0 个百分点。国家统计局采购经理调查显示，2 月底大中型企业复工率接近 80%。然而同期有关监测显示，吸收农民工就业较多的中小企业复工复产率刚刚超过 30%。

据人社部统计，2019 年我国农民工总量已达 2.9 亿人，其中 1.7 亿人外出务工，包括 7500 万人跨省务工；全国共有 2000 多万贫困劳动力外出务工，其中有四成是跨省务工。另据有关机构预测，全国农民工延迟复工一天，可能减少收入 180 亿元左右，如果算上在乡内就近就业人员，因不能复工减少的收入可能翻番。

有针对性的措施纷纷出台

随着中央提出鼓励低风险地区的农民工尽快返岗复工，各地各部门纷纷出台有针对性的措施做好各项服务工作，打通农民工返岗复工的“第一公里”和“最后一公里”。

人社部有针对性地提出“六个一批”措施，通过支持返岗复工、帮助招聘录用、动员投身农业、重大项目吸纳、扶持创业带动、开发公岗安置等方式灵活安排农民工就业。铁路部门精准制订运输方案，提供“点对点”“一站式”直达运输服务，一趟趟务工专列接续开出。司法部提出，对复工复产农民工申请的法律援助快速办理，当天申请、当天受理、当日指派……

劳务输出大省四川、河南等地和劳务输入大省浙江、广东等地，

2020 年 2 月 23 日，重庆农民工乘动车专列前往浙江绍兴复工

深入开展跨省合作，不仅为农民工返城安排专车、专列、专机，还提供各种安全便利的贴心服务。

在四川，疫情让今年的农民工返岗“春风行动”变得不一般，省应对新冠肺炎疫情应急指挥部直接部署，协调提供省际包车等服务，并按要求填写登记表、做好路上防控。用工大省浙江主动到四川对接，落实两省政府签订的《推动务工人员安全有序返岗合作备忘录》，统一信息交互时限要求，妥善解决健康证明互认等问题。

河南省出台《关于应对新型冠状病毒感染的肺炎疫情做好农民工就业服务工作的通知》，提出要做到出发有组织、健康有监测、运输有保障、运达有交接、全程可追溯，对采取“定制出行”的农民工，统一佩戴专用标识，统一配发防护用品和行程食品，统一由人社部门人员带队护送，实现“出门进车门、下车进厂门”闭环直达运送。

针对贫困地区劳动力就业问题，农业农村部会同国务院扶贫办密切跟踪地区产业发展，对外出务工的劳动力配合做好输出地与输入地对接，对返乡农民工中有留乡创业意愿的人员推动落实创业补贴政策，对从事农村二、三产业的创造更多就业岗位，对从事农业生产的着力做好农资供应等春耕备耕工作，帮助解决生产中的困难。

返岗复工恢复性增长

当前，疫情防控积极向好的态势正在拓展，农业农村经济运行秩序也在向好的方向发展。国家统计局服务业调查中心高级统计师赵庆河表示，目前企业复工率回升较快，生产经营活动正有序恢复，预计大中型企业3月底复工率将升至90%以上。另据蚂蚁金服数据，全国小店加速复工，2月底首批复工小店中40%以上单日流水已恢复到节前水平，成功“回血”。

全国非疫情防控重点地区纷纷传来复工复产的消息。商务部于2020年3月5日介绍，外贸企业复工复产进度明显加快，浙江、天津重点外贸企业已100%复工，广东、江苏、上海、山东、重庆复工率超70%。浙江、广东等省的规模以上工业企业复工率超过90%……

随着企业加速复产，越来越多的农民工回到了工作岗位。目前，四川、广东、浙江、安徽等省通过签署备忘录、协议的方式实现健康码互认。截至2020年3月6日，各地合计“点对点”运送农民工263万人。从各地监测情况看，目前返岗复工的农民工已达7800万人，占2020年春节返乡的60%。

贫困地区劳动力就业得到更多保障，人社部会同国务院扶贫办重点针对“三区三州”等深度贫困地区，提出政策资金要倾斜、岗位投放更密集、劳务输出更有序。四川阿坝州通过深入实施“春风行动”，1446名农村劳动力通过“点对点”“一站式”应急运输客运班车顺利出州返岗复工；3035名贫困群众就地就近就业，当上了“防疫员”。

决战脱贫攻坚　应对战“疫”大考

邓保群

2020 年 2 月 23 日，河北邢台就业扶贫车间赶制医用隔离服

2020 年初，一场突如其来的新冠肺炎疫情，给决战决胜脱贫攻坚带来了困难和挑战。在战“疫”大考下，更要抓好涉及决胜全面建成小康社会、决战脱贫攻坚的重点任务，尽可能把时间进度抢出来，把疫情的影响降到最小。

在危机突发之际，信心比黄金更重要，应对举措要比平常更细致、更务实。为了确保如期全面脱贫的工作稳步推进，各地积极行动，落实落细帮扶措施，有序恢复经济社会发展秩序。

促开工保就业　贫困劳动力有序返岗

2020年2月19日上午，一辆载有756名广西百色籍在粤务工人员的D4508次返岗直达专列从百色火车站出发，驶往广东。据了解，本次返岗务工人员中，建档立卡贫困劳动力354人，占总人数的46.83%。

本次专列按照“出发有组织、健康有监测、运输有保障、运达有交接、全程可追溯”的要求，保障复工人员平安、有序出行。车站开辟绿色通道，组织党员突击队、志愿服务队引导务工人员进站，乘务人员组织乘客按车厢号分散候车、分散就座。

广西人社部门向搭乘专列的农民工发放了《新型冠状病毒肺炎防控知识手册》《爱心专列乘车指南》，并免费发放口罩等防护用品以及面包、牛奶等食品。旅途中，还统一为农民工准备了免费午餐。到站后，按照当地的疫情防控措施，他们还将接受体温测量和身份核验。

“我之前在广东打工7年了，今年在家待了一个多月，能够返岗复工感觉很开心。”广西平果县务工人员黄忠平说，通过当地政府部门组织的体检，他放心地带着妻子和孩子踏上了这趟专列。

广东省扶贫办会同省人力资源社会保障厅，联合开展“就业扶贫助复工”行动。动员全省各地驻村干部和扶贫协作工作组，全面摸查外省来粤务工333万建档立卡贫困劳动力和省内粤东粤西粤北地区51万相对贫困劳动力就业返岗情况，广泛宣传复工复产和就业资助政策，实施线上“南粤春暖”活动，开展网络招聘，加强区域劳务协作，分期分批错峰输送，开发就地就近就业岗位，强化公益性岗位兜底安置作用，加大东西部扶贫协作地区劳务转移输出对接力度，着力解决贫困户务工难、增收难问题。

河北省扶贫系统利用信息化手段，坚持精准发力促开工保就业，确保双战双赢。

保定市为满足贫困群众就业意愿和用工单位的用工需求，协调人社部门将原计划实地举办的“春风行动”就业招聘会改为网络招聘会。曲阳县举办 2020 年“春风行动”暨就业援助月网络招聘会，通过“曲阳人社”和“曲阳在线”等微信公众号平台公开发布用工岗位招聘信息，保障有就业意向贫困群众的就业需求。

邢台市对带动贫困劳动力较多的企业和扶贫车间，优先启动复工审批程序，在确保疫情防控到位的情况下，安排贫困劳动力尽快复工上岗。发挥村干部、驻村第一书记和村预警员作用，及时掌握监测对象生活必需品储备情况，密切注意监测对象因疫情影响家庭收入而存在致返贫风险，一经发现及时通过手机 APP 上报，并安排落实保障救助措施。

防疫春耕两不误　紧抓扶贫产业不松劲

近年来，云南脱贫攻坚工作虽然取得了显著成效，但剩余脱贫任务仍然十分艰巨。作为全国唯一贫困人口超过 40 万的省份，面对当前疫情防控形势，全省各级扶贫系统党员干部没有自乱阵脚，而是主动作为，把疫情防控和脱贫攻坚提到了同样的政治高度，奋力在一个战场上打赢两场战役。

昭通市 4588 名驻村工作队员、624 名脱贫摘帽督导员于 1 月 29 日全部投入疫情防控和脱贫攻坚一线。普洱市西盟县成立 478 支“守护家园服务队”，在抓好疫情防控的同时，扎实推进脱贫攻坚各项工作。

花卉是云南的特色产品，也是重点的扶贫产业，以此为代表的农业生产已经恢复 80% 以上。在昆明国际花卉拍卖交易中心，自 2 月 10

日复工复产以来，平台上的交易量逐日递增，目前每天总供货量已经接近 100 万枝。

作为脱贫攻坚挂牌督战县数量最多的地区，新疆各地在扎实做好疫情防控的同时，有序推进农牧业生产全面铺开，有力保障扶贫产业顺利延续“不断茬”。

喀什地区将疫情防控与春耕生产同安排、同部署，突出“抢”，立足“早”，各县市组建专班，通过送技术、送信息，因地制宜加强田间管理，春耕备耕有序开展。为了确保春季农作物灌水需求，喀什地区由乡镇统一垫付春耕生产用电资金，全面开启抗旱机井，疏通渠道，统筹做好地表水、库水、井水、泉水灌溉调配。

巴音郭楞蒙古自治州对目前正在生产蔬菜的 8005 座、11101 亩温室大棚，强化技术和管理措施，做好“菜篮子”供应保障，并确保 20 万亩春小麦在最佳播种期完成播种。

“辣椒种植已经签订保底收购订单，大家回去放心组织生产。”2020 年 2 月 26 日，在贵州省从江县一间会议室，县政协副主席、县蔬菜专班班长罗德勇对参会的 22 位村干部和村级合作社负责人说，产业发展必须马上动起来，“今年从江县计划种植扶贫辣椒 2.1 万亩，其中包括接下来即将投入生产的早椒 3000 亩。”

为了把时间抢回来，把损失补回来，不久前，贵州省农业部门召开系统视频会议，部署春耕备耕工作，要求各地抓好产业结构调整，调减低效作物种植，扩大 12 个农业特色优势产业规模，纵深推进农村产业革命。

黔西南州对 106 个 500 亩以上坝区的种植模式、组织方式、主导产业进行细化，结合茶叶、薏仁米、精品水果等 10 个重点产业，推出多项奖补政策；毕节市林业局成立特色林业产业发展推进工作领导小组，专门负责全市的刺梨、皂角、油茶、核桃、花椒等特色林业的发展种植；紫云苗族布依族自治县，15 个 500 亩以上坝区的村民忙着平整土地，培育红薯、辣椒等秧苗。

强化综合社会保障　确保脱贫路上不落一人

江西省严格落实联防联控属地责任，关注受疫情影响的低保户、特困供养户、残疾贫困户等特殊群体，统筹发挥社会保险、社会救助、社会福利等综合保障作用，全面落实低保、医保、特困人员救助供养、临时救助、残疾人“两项补贴”等社会保障政策，及时将因疫情感染导致基本生活陷入困境的家庭和个人纳入临时救助范围，对正在申请低保、特困供养的建档立卡贫困人口，采取“先行救助”方式直接予以临时救助。

吉安市对患慢性病需长期就医的贫困群体，通过“送医上门、送药上门”方式，保障疫情期间“不断供、不短供”；赣州市提前下发低保和分散供养特困对象补助资金，下拨临时救助备用金 1378 万元，目前帮助 360 户因疫导致基本生活困难的群众渡过难关；新余市利用贫困户预警监测系统，全面启动“防贫保”工作，将受疫情影响的农村人口纳入“防贫保”框定范围。

2020 年 2 月 28 日，河南省政府新闻办召开河南省新型冠状病毒感染的肺炎疫情防控专题第十九场新闻发布会，发布会上，河南省扶贫办相关负责人表示，要持续加大投入，今年河南省级财政对脱贫攻坚的投入比去年增长 10% 以上，确保“弹药”充足。会议指出，针对贫困老年人、重病患者、重度残疾人等特殊贫困群体，统筹落实好低保、特困救助、基本养老、扶贫助残、临时救助、社会保险、社会福利等综合社会保障政策，实现应保尽保，确保脱贫路上不落一人、不漏一户。

开封市扶贫系统研究出台《疫情防控期间做好脱贫攻坚工作的十条措施》，其中专门指出要强化综合保障，对贫困老人户、重病户、重残户等特殊贫困群体，明确专人负责疫情防控期间的精准帮扶工作，确保“两不愁三保障”工作到位，统筹落实好各项综合社会保障政策。

商丘市民政局分类做好临时照料服务，对因疫情在家隔离的孤寡老人、困境儿童、重病重残人员等群体，密切联系村（居）民委员会加强走访探视，提供必要的生活帮助和心理疏导；及时发放各类救助资金，督促各县（区）在提高救助标准，足额发放第一季度救助资金的基础上，及时启动价格补贴联动机制，按时足额发放价格补贴。目前，商丘市民政局已提前下拨各类救助资金 4.7 亿元，1 月份为困难群众发放价格补贴 1475 万元。

贵州打好劳务就业扶贫硬仗

刘久锋

劳务输出是提高劳动者素质、增加农民收入和优化产业结构调整的“短、平、快”产业，是斩断穷根的重要手段。新冠肺炎疫情发生以来，习近平总书记把就业放在“六稳”和“六保”之首，多次对做好稳就业工作、抓好就业扶贫作出重要指示，特别指出“要加大就业扶贫力度，加强劳务输出地和输入地精准对接，稳岗拓岗”。

习近平总书记的系列重要指示精神，为全国各地做好劳务就业扶贫工作提供了强大思想武器和科学行动指南。近日，贵州省召开全省

2020 年 2 月 26 日，在贵州省榕江县丝绸扶贫车间内，工人在忙碌

劳务就业扶贫工作会议，出台进一步加强劳务就业扶贫的实施意见，并以视频会议形式开到县市区一级。

“贵州省在奋力冲刺90天、坚决打赢歼灭战关键阶段，召开劳务就业工作会议，用实际行动践行‘两个维护’。”贵州省委有关领导说，就业是民生之本，事关脱贫攻坚大局。做好劳务就业扶贫，对应对疫情冲击、稳定群众收入、确保按时高质量打赢脱贫攻坚战意义深远。

贵州提出，到2020年6月30日，要确保所有剩余贫困县达到摘帽标准、所有剩余农村贫困人口达到脱贫条件。

国家统计局发布的2020年一季度国民经济运行情况显示，由于我国本土疫情传播基本阻断，复工复产加快推进，我国就业形势总体平稳，但就业压力仍然比较大。其中重点就业压力较大群体就包括了农村外出务工人员。

对贵州来说，就业还事关脱贫攻坚大局。在贵州，贫困劳动力务工收入占到了家庭总收入的70%左右，一个人无法就业，很可能直接影响整个家庭的脱贫。目前，贵州还有19.1万脱贫不稳定人口和21.33万建档立卡之外的边缘人口，如因疫情或其他原因导致收入骤减，极容易返贫致贫。一季度，由于疫情影响，企业开工不足，加上国际疫情传导的压力，贵州就业形势异常严峻。

“当前，我们面临农村劳动力不足和农民就业不充分的‘双重压力’。特别是受新冠肺炎影响，全市春节前后返乡的46.1万名农民工中，已经外出务工的只有40.93万人。截至4月30日，又有2084人回流。”六盘水市政府领导在接受采访时说，把保持农民工就业稳定作为今年六盘水的大事来抓，坚决保住农民群众工资性收入不降低，坚决夺取脱贫攻坚战的最后胜利。

在此次会议召开之前，贵州一方面针对企业从复工复产到满产达产面临的诸多现实问题，强化政策调节、精准发力，切实消除“痛点”、打通“堵点”、补上“断点”；另一方面在做好疫情防控前提下继续有序组织务工人员跨区返岗就业，相继出台了《贵州省疫情防控期间农民工返岗就业工作指南》《扶持企业复工复产促进农民工返岗就业政策二十四条》。同时，对于一时外出有困难或者不愿外出的农民群众，还重点引导到12个特色产业和重点企业、重点项目优先就业。

在此次会议上，贵州省各地各有关部门，特别是“9+3”县区把确保建档立卡贫困户、易地扶贫搬迁户和边缘户劳动力充分就业作为重中之重，同时坚持内外并重、多措并举，想方设法稳住现有劳务就业岗位、增加新的劳务就业岗位。

贵州省要求，全面摸清贫困人口当前就业情况，运用大数据手段同步实现“人找岗位”和“岗位找人”，为贫困群众就业工作“谋岗”。加强与对口帮扶省市和黔籍务工人员较多的省市沟通协调，对就业不稳定人口的动态监测跟踪，在防止和减少外出务工人员返乡回流的同时，稳住在省内务工的群众就业，为贫困群众就业工作“稳岗”。推进农村产业革命，扩大种植养殖规模、发展全产业链，提升农业产业的就业容量，推进重大项目工程，引进企业，最大限度促进就业，为贫困群众就业工作“造岗”。把公益性岗位用活用好，为贫困群众就业工作“送岗”上门，让贫困群众拥有一个稳定的工作岗位。

大战大考中的担当作为

——河南省开封市统筹推进疫情防控与脱贫攻坚纪实

张培奇　范亚旭　李军涛

初夏时节，河南开封田间乡野万物竞发，复工复产的景象、勠力同心战贫的身影，到处洋溢着决战决胜脱贫攻坚的精气神。“习近平总书记于 2014 年 3 月和 5 月两次来开封视察指导工作，开封作为焦裕禄精神发源地，我们要牢记总书记嘱托，大力弘扬焦裕禄精神，把因疫情影响失去的时间夺回来，尽锐出战、压实责任、集中攻坚，以时不我待的奋斗精神，写好决胜脱贫攻坚决战之年的开封答卷。”开封市委相关负责人表示。

上下同心　不获全胜绝不收兵

开封是农业大市，贫困人口基数大，脱贫攻坚任务重。2019 年，全市脱贫攻坚取得决定性进展，全年实现4.46万名农村贫困人口脱贫、406 个建档立卡贫困村全部出列，贫困发生率由 2013 年底的 4.65%下降至 0.32%。2020 年，全市将完成剩余贫困人口 13143 人甩掉贫困帽子的任务。

越是重要关口，越显帮扶温度。2020 年以来，开封市针对新冠肺炎疫情对脱贫攻坚的影响，市委、市政府牢牢扛稳政治责任，快速反应、果断决策，将战“疫”战贫一体推进，及时将脱贫攻坚纳入疫情防控每日工作调度，第一时间精准传达落实到村到户到人。及早制定开封市《疫情防控期间做好脱贫攻坚工作的十条措施》，帮助贫困群众和带贫企业解忧纾困。疫情防控关键时期，分别召开全市脱贫攻坚电视电话会议、市委农村工作暨扶贫开发工作会议、全市脱贫攻坚视频调度会进行安排部署。

开封市政府领导在疫情阻击战打响的第一天，就带头深入一线调研，疫情防控期间足迹遍及各个县区，深入带贫企业和贫困户，了解生产生活情况。脱贫攻坚各专项指挥部坚持每日调度工作、研判情况，把问题解决在平时。市级领导包乡联村、县级领导包村联户、乡镇领导包户联人，遍访乡镇、贫困村、贫困户。全市驻村第一书记和帮扶工作队员，全面深入排查贫困群众“三保障”政策落实、扶贫产业复工运营、贫困人口就业务工、扶贫项目实施等方面出现的困难和问题，努力摸清每个村、每一户、每个人、每个项目的详细情况，“一

河南省开封市尉氏县贫困户在扶贫车间内忙碌

对一”建立台账，研究制定针对性措施。

让党的旗帜高高飘扬在脱贫攻坚一线，叫响“党派我来的”。1962年，焦裕禄同志一句“党派我来的”，与兰考人民紧密联系在一起；今天，在全市脱贫攻坚决战决胜的关键时刻，全市市直机关广泛开展“支部连支部打赢脱贫攻坚战”共建活动，“党派我来的”口号再次响彻开封，为贫困群众送政策、送服务、送温暖。

精准施策 促进贫困劳动力复岗就业

“面对疫情影响，区党工委、区管委会广泛动员社会力量开展扶贫‘春风行动’，突发的疫情没让俺这产业大棚里的瓜果蔬菜受半点儿影响，老百姓打心底感谢党和政府！”开封市一体化示范区水稻乡杨桥社区产业扶贫基地负责人秦彦松说。

开封市一体化示范区党工委于2019年发动全区带贫企业募集资金500万元，建成产业扶贫蔬菜大棚72个，共计5万多平方米，为贫困户早日脱贫找到了致富门路。2020年春节前，眼瞅着大棚里瓜果蔬菜已成熟，就等着上市卖个好价钱，可突如其来的新冠肺炎疫情按下了市场销售的“暂停键”。为此，全区开展“消费扶贫”，自2月初以来，各产业扶贫基地采购订单暴增，每天销售草莓、蔬菜均在500斤以上，截至2020年5月，示范区扶贫基地已销售草莓1.4万余公斤、生鲜蔬菜16万公斤，销售收入达100余万元。

“疫情防控期间，市县乡村四级党组织动员社会力量和爱心企业，开展扶贫‘春风行动’，作为消费扶贫的升级版，通过线上线下，以购代捐、电商推广等方式，实现农民的‘菜园子’直通市民的‘菜篮子’。”开封市委相关负责人介绍。

应对疫情影响，开封市从“疫情防控＋推动复工＋支持措施＋精准服务”4个方面，密集出台了一系列“硬核”举措，优先用于各类带贫企业，为统筹打好脱贫攻坚战，厘清了思路、明确了抓手。市县两级农业农村、财政、金融、人社、商务、交通运输等部门围绕给予企业流动资金支持、畅通防疫物资运输、支持重点企业扩大产能、加快防疫能力建设、保障生活必需品市场供应等方面，推出了一系列真金白银的扶持和优惠措施并优先用于带贫企业，为疫情防控期间全市带贫企业安全有序复工复产注入了一剂“强心针”。

“感谢党的好政策，离家近，每月还能挣5000多元，比之前强多了。”正在尉氏县门楼任乡要家村扶贫车间忙碌的脱贫户张红岭激动地说。疫情防控期间，为确保已脱贫不返贫、未脱贫能脱贫，门楼任乡组织扶贫专班入户排查217名贫困人口信息，安排有劳动能力的就业，弱劳力的就近纳入公益岗位，实现全部上岗务工。

开封市还积极探索产业扶贫模式，全面提升贫困群众持续增收能力。兰考县打造“兰考蜜瓜”等特色种植全产业链，培育鸡、鸭、牛、羊、驴养殖和饲草种植的“5+1”畜牧产业体系；杞县围绕大蒜产业发展优质大蒜种植和大蒜冷库经济；通许县以食用菊花、反季节瓜果蔬菜等高效种植业作为主攻方向……一个个因地制宜、各具特色的扶贫产业换来了脱贫“加速度”。截至2020年5月，全市培育省市级扶贫龙头企业31家、市级带贫企业135家，全市产业扶贫共叠加带动建档立卡贫困户199852户，户均收益3092元。

补齐短板　让贫困群众“安居”与“乐业”齐步走

“俺用这个月挣的积分兑换了一袋面粉，超市管理员还送给俺5个口罩，积分当钱花，缺啥换啥，只要肯干多劳动！”2020年4月28日，在尉氏县南曹乡西黄庄村爱心美德公益超市兑换完生活必需品，贫困户杨五立喜上眉梢。

如今，这样的爱心美德公益超市已在开封市建设了205个，其中下沉到村级115个。爱心美德公益超市具有线上线下功能，线上是“情报站”，对接中国社会扶贫网；线下是“实体店”，群众通过劳动获得积分，到爱心超市换取自己所需要的油盐酱醋等日常用品，并设立爱心“心愿墙”，变过去的被动给予到现在的按需获取，使社会扶贫更加精准。

2020年以来，开封市在以爱心美德公益超市为平台，以美丽乡居环境改善工程、“巧媳妇”工程、助学扶贫为支撑的“1+3”社会扶贫基础上，探索工商企业扶贫、社会各界爱心助贫，让“1+5”社会扶贫更具活力，更有内涵，更贴近困难群众实际。截至2020年5月，全市累计认捐社会扶贫资金2.75亿元，捐物折合705万元。在“百企帮百村”行动中，全市122家企业及商会与168个贫困村结成帮扶对子，累计投入帮扶资金1.1亿元，实施帮扶项目265个，受益贫困人口超过3.3万人。

从“输血”到“造血”，从“等靠要”到自力更生，解决好就业问题，才能确保贫困群众致富，防止返贫，已成为开封市各级党员干部的共识。

在开封市通许县孙营乡南孙营村，贫困户王学文家的土院落建成了美丽庭院，家里用上了自来水，家具电器齐全。“我特别支持村里的工作，现在村里条件都改善了，生活质量一点儿不比城里人差。”王学文对未来充满信心。

发生变化的并不只是南孙营村。为彻底拔掉穷根让农民过上好日子，开封各级党委政府因地制宜，都找到了稳定增收的好门路。兰考县张庄村在中国证监会对口帮扶下，扶贫企业遍地开花，打造了“梦里张庄”旅游区及党建教育基地建设，挖掘开发传统手工布鞋、石磨香油等旅游农产品。

为真正实现百姓“安居”与“乐业”齐步走，开封市全力以赴补齐剩余减贫任务、产业就业、兜底保障、政策落实、非贫困村基础设施、部分贫困户缺乏内生动力等方面的短板。在产业上，加快实施产业倍增计划，发动市直各部门聚焦，调动社会各方力量参与，扩大产业扶贫覆盖，增强企业带贫能力，增加贫困群众受益，提升脱贫质量成色，实现多种帮扶和增收措施叠加，确保每个贫困户在原有基础上再增加 2—3 个产业帮扶措施，确保脱贫路上不落一户、不漏一人。

广河县以劳动力转移就业促脱贫

胡明宝

广河县人社局组织的建档立卡贫困户培训班

“再有十几天，我就是一名正式的装挖机师了。”贫困户马黑麦早早来到甘肃省广河县城关镇大杨家村，参加由广河县人社局组织的建档立卡贫困户技能培训班。“由于没有技术，过去在外打工干的都是体力活儿，赚不到多少钱。现在政府免费为我们培训技术，我就报名学习装挖机操作，希望可以找到一份收入高的工作。”

与马黑麦一起来学习的还有来自牟家窑村的马彦龙，他告诉记者：

“虽然年龄大了，但是现在政策好，孩子们都外出务工了，咱在家多学点技能，脱贫也有底气。”

“参加技能培训不仅不需要交钱，培训结束后还会补贴交通费、餐费等 1000 元。”据广河县人社局相关负责人介绍，培训立足于广河县劳动力在外开办牛肉拉面馆、餐饮服务、中式面点制作、建筑工程等较多的实际，内容重点突出烹饪、牛肉拉面、装挖机等技能。2018 年共计培训 3644 人，其中建档立卡贫困户 2053 人。

近年来，广河县将劳务经济作为推动脱贫攻坚的重要举措，通过强化技能培训助推劳动力转移就业，促进群众持续增收、稳定脱贫。“劳务输转在精准扶贫、就业创业方面作用十分显著。外出务工的每名贫困户，除去正常开支，每人每年平均可增收 4 万元左右，当年可实现脱贫。”广河县人社局相关负责人说。

马伊不拉是广河县庄禾集镇中寨村的建档立卡贫困户。2018 年 1 月，马伊不拉夫妻二人在县人社局的组织下，在经过岗前培训后，进入玉晶光电（厦门）有限公司务工。“公司管吃管住，夫妻二人一个月收入一万多块钱。”广河县人社局劳务办相关工作人员说，“县上考虑到外出务工稳定，一般组织夫妻同时外出务工，并在转移就业地派驻干部带队。”

近年来，广河县按照“输出一人、致富一户、转移一批、带动一方”的原则，坚持因人施策、多措并举，通过季节性灵活就业一批、组织输转稳定就业一批、自主创业就业一批、扶贫车间就近就业一批等“四个一批”举措，有效推动了对内、对外劳动力转移就业。

从江县加勉乡“就业帮扶”抱团外出

梁　雨　张家富

加勉乡群众在工地上务工

贵州省黔东南州从江县加勉乡位于月亮山腹地，是当地有名的贫困乡。全乡 2497 户 8674 人中，建档立卡贫困户达到 1427 户 4933 人，贫困发生率曾一度高达 56.87%。2016 年，加勉乡被列为全省 20 个深度贫困乡（镇）之一。

如何引领群众走出贫穷？在帮扶单位贵州省交通运输厅的支持下，一种以“就业帮扶”带动贫困群众脱贫奔小康的帮扶发展模式，成为加勉乡党委政府的共识。

加勉乡发展第一步，是精准岗前技能培训，根据参训人员的自身条件和就业愿望，先后举办了高速公路收费员、保安、保洁员、公交车驾驶员、挖掘机手等就业培训。2018 年 3 月，加勉乡工程机械操作培训班开班，来自党翁、加模、加两、污弄、污扣、加坡、别鸠等 7 个村的 51 名贫困家庭劳动力成为首批成员。经过 30 天的培训，学员们掌握了特种设备的操作技能，考核通过获得资格证书，全部走上了就业岗位。

“我以前没有技术，外出打工不是没人要就是工资低。”党翁村村民梁小周参加了乡里举办的岗前技能培训后，如今已经成为一名电动机维修能手，工资比在外面打工时翻了一倍还多。

作为全省 14 个极贫乡镇之一和脱贫攻坚的主战场，大量的扶贫项目落地加勉乡，提供了很多就业机会。加勉乡采取“有文化靠技能就业，没文化抱团就业”的办法，不断拓宽当地群众的就业渠道。

在污扣、污弄、别鸠等村，加勉乡组建了 7 支务工队，负责承建交通建设项目。“现在一个月至少也有 3000 元工资。离家近，单位还管中午饭。”42 岁的韦老项是污弄村务工队的成员之一。2018 年，在从江县举行的“春季攻势”就业招聘活动中，又有 120 多名贫困劳动力，获得了工作岗位。

三夏时节，厦蓉高速公路榕江收费站的菜园里，玉米、黄瓜、茄子、辣椒、西红柿果实累累。收费站食堂师傅说，这都是潘春桥夫妇种出来的。

年近 40 岁的潘春桥夫妇是加勉乡的贫困户，由于曾经上过学，被村民们公认是“有文化”的人。在此之前，夫妻俩先后带着孩子在广东、江苏、河北等地打工，“那时候孩子没有地方上幼儿园，收入也不稳定，干好几年了日子还是老样子。”潘春桥说。现在潘春桥负责收费站安保工作，妻子龙老德负责保洁。“新家不但有空调、电视机和独立卫生间，5 岁的儿子也在县城里上了幼儿园。”潘春桥乐呵呵地说，现在夫妻俩第一次有了几万余元的存款。

贫困户文化技术水平不高，有的村民不懂汉语，个别村民“等、靠、要”和“温饱即安”思想严重，加大了就业扶贫的难度。对此，加勉乡按照“就业需求调查，适应岗位摸底，录用门槛降低，岗前技术培训，劳务合同签订，工资待遇明确，稳定就业跟踪”的工作思路，加强对群众的宣传动员。2018 年以来，针对部分不会汉话、劳动素质和技能偏低的村民，加勉乡采取寻找岗位、反复动员、专人陪同到岗的“管家式”就业帮扶，定期做好外出务工人员的回访，及时了解他们的工作、生活及思想情况。

2018 年春节前，贵州交建集团派驻加勉乡帮扶干部王贵钢得知广西北海某林场急需伐木工人，这项工作时间短、所需技能简单、文化要求不高、作业时间自由。经过反复动员，有 8 位村民决定前往，但由于从来没有外出过，他们心存畏惧和担忧。为此，王贵钢主动申请全程陪同，消除了大家的顾虑。当月，这 8 名外出务工村民在广西北海仅上了 8 天班，每人就收入了 1400 多元。

消息传来，让加勉乡的群众看到了外出务工的实惠，此后又有 22 位村民加入了伐木队伍，务工总收入达 45 万元。

截至 2019 年 8 月，加勉乡的就业扶贫已取得明显成效。据统计，2018 年，全乡累计开展各种技能培训 598 期（次），实现转移就业 2278 人，平均月工资在 3000 元以上。全乡有 311 户 1314 人实现了脱贫摘帽，贫困发生率由上年度的 38% 下降至 23.36%。

扶贫车间篇

“在家门口就能圆致富梦”

——山东省临沂市“四化四力”健全扶贫车间建管机制纪实

吕兵兵　王利群

这几年在齐鲁大地上建起的众多扶贫车间，不仅能够有效助力贫困村摘帽，也成了贫困户实现就业脱贫的首选。地处沂蒙山区的山东省临沂市，已整合财政专项扶贫资金 1.51 亿元，建成资产收益类扶贫车间 297 家，直接安置 4618 名群众就业，辐射带动 2.34 万名贫困群众脱贫。

大量扶贫车间的建成，如何提高利用效率，如何更好地带动贫困户增收致富？“要让扶贫车间成为扎根农村、屹立不倒的致富车间，

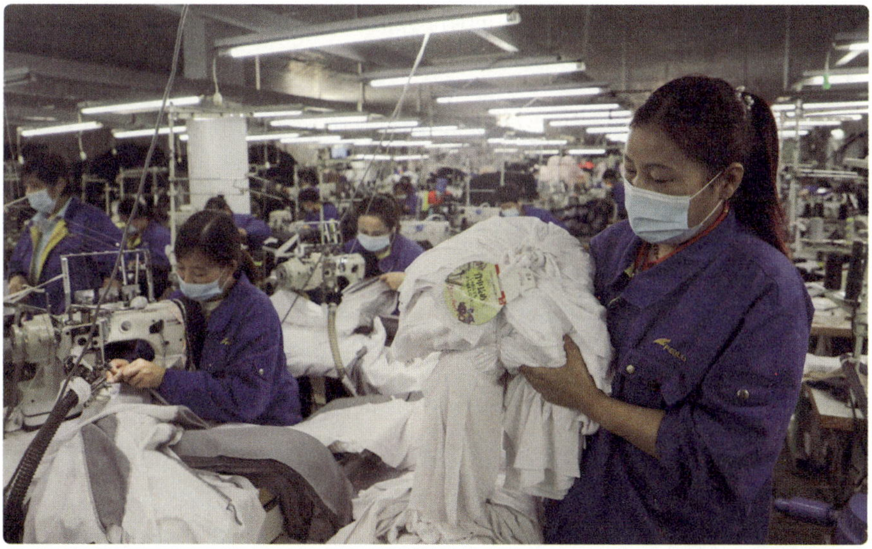

山东省临沂市兰山区扶贫车间生产线上，工人们赶制来自日本的内衣服装出口订单

成为推动脱贫攻坚和乡村振兴的重要载体。”临沂市委扶贫办负责人说，“临沂创新推进‘四化四力’工作举措，探索形成了科学选建、高效运营、多元联结、动态管理的工作机制，实现了群众增收、村集体增益、企业增效、产业增强的‘四重效应’，让贫困户在家门口就能圆致富梦。”

选建产业化 确保扶贫车间发展有潜力

“建设车间不是问题，如何用好才是关键。因此，我们在建设之前就对接了区域内多个柳编和红薯种植加工企业，根据他们的发展需求建成了 2 个扶贫车间和 2 个电子商务中心，建成后立即租给当地企业，实现了建成即受益。”临沂市临沭县青云镇党委相关负责人说。

在临沂市平邑县，依托当地金银花、果品产业优势，新改建的扶贫车间有 19 家用于发展金银花、水果罐头加工业，吸纳 376 名群众实现就业脱贫。临沂市兰山区则依托城区商贸物流发达的优势，把扶贫车间租赁给劳动密集型的雨具加工企业，一个车间就直接帮扶 21 户贫困户。

据熊长远介绍，临沂选建扶贫车间，按照因地制宜、因需设置的原则，依托区域产业发展基础，嵌入县域优势产业，主动对接市场需求，实现了扶贫车间与产业发展相互支撑、相互促进。

临沂立足区域主导优势产业，实施了“百企精准扶贫联盟”行动，筛选出服装、鞋帽、果品、草柳编、工艺品加工等市场前景好、适合贫困人员就业特点的项目，建立扶贫车间项目库，搭建双向对接洽谈会等对接平台，引导这些劳动密集型企业向贫困乡村布局设点，延伸产业生产链条，吸纳贫困人口参与产业链条获得稳定收入。同时，采取“就近建设”原则，在贫困村中心位置布局，让老弱残贫困人口、居家妇女愿干、能干，实现“挣钱顾家两不误”。

运营市场化　确保车间效益增长有活力

临沂市郯城县高大制帽厂是生产机制帽、机制垫、手编帽、钩针帽等工艺品的重点龙头企业。该县自推动建设扶贫车间以来，扶贫部门主动对接企业发展需要，以扶贫车间建设为载体，帮助企业在贫困村庄建立了 20 个分厂和 50 多个代加工点，辐射带动近 2 万人走上致富路。

在临沂市沂水县，返乡人员曹淑云通过自主创业创建服装公司后，在 3 个贫困村设立 3 个扶贫车间，对就业群众进行手把手技能培训，带动 150 多人实现就近就业，月均收入超过 2000 元。

龙头企业将生产线或加工点向贫困村延伸，既可以降低运营成本，还可以缓解用工难题。返乡人员创业，可有效利用扶贫车间这个平台，减少创业成本，引进新兴产业。一些村庄利用闲置或低效使用的办公用房、废旧校舍等，改造建设成扶贫车间，以来料加工业务为主，由村集体牵头领办经营，经营收益用于村集体和贫困户增收。以家庭农场、合作社为代表的新型经营主体，利用扶贫车间就地开展产品深加工、订单生产、代管代养等，实现了互利双赢。

联结多元化　确保村户收入增长有动力

“每天走路来上班，家门口就能致富。加工一件 5 毛钱，一天能做两三百件，算下来一个月能挣三四千元呢。”2018 年 12 月 6 日上午，在临沂市兰陵县鲁城镇东石门村的扶贫车间，贫困户张霞说。

除了每月到手的工资收入，东石门村还利用扶贫车间租金和村集体入股的股金，每年为 51 户贫困户每户分红 400 元。得益于这样的受益模式，临沂帮助众多贫困户实现了多渠道、多路径增收脱贫。

“进厂务工挣薪金，企业承租分租金，资产入股得股金，公益设岗赚酬金……临沂发挥扶贫车间的桥梁和纽带作用，完善企业与贫困村户的利益联结机制，实现了贫困村户多渠道、多路径增收脱贫。”临沂市扶贫办相关负责人说。

据了解，为了实现利益联结化，临沂推出了若干举措：强调利用财政专项扶贫资金、整合资金建设的扶贫车间，吸纳贫困人口用工占比不低于全部用工数的30%；按照“四权”分置管理模式，明确扶贫车间产权归贫困村村集体所有，租金收益用于帮扶建档立卡贫困人口；支持村集体将部分产业发展资金、闲置资源等量化入股到扶贫车间；构建“企业＋岗位＋贫困户”联结机制，对失去劳动能力、无法通过参与就业等方式实现增收的特困户，动员企业为其子女或亲属提供就业岗位，或以虚拟设岗的形式为贫困户提供资金帮扶。

管理规范化　确保村户稳定脱贫有效力

在临沂市沂南县，2017年以来为放大扶贫车间使用效能，将其作为就业技能培训课堂和扶贫政策讲堂，整合扶贫、人社、教育等部门培训资源，举办户外家具、服装、电子配件等免费培训班103期，培训人员1500多人次，其中890名贫困群众在扶贫车间完成培训，就地上岗。

临沂市费县则探索建立了包含车间信息库、项目信息库，车间与招引项目对接服务平台在内的“两库一平台”服务机制，对扶贫车间实行动态管理、跟踪服务。

管佃如介绍，临沂为确保扶贫车间效益长期稳定发挥，出台了政策扶持、服务跟踪、管理提效等系统举措，推动扶贫车间规范提升、健康运营，实现了政企户村互促共赢。

临沂规定，扶贫车间优先享受扶贫贷款贴息政策和小额信贷政策，对吸纳贫困人口就业效果好、生产规模较大、发展规范的加工点，优先给予扶贫车间一次性奖补、创业扶贫担保贷款、培训补贴等扶持政策。同时，不断完善车间功能，将扶贫车间打造成技能培训基地，实行免费培训项目清单制度，根据车间用工需求，对农村贫困劳动力进行有针对性的技能培训。

政策激励是一方面，强化监管是另一方面。临沂按照所有权归村集体、经营权归承包主体、收益权归贫困户、监督权归镇政府的“四权”分置管理模式，对已建成扶贫车间实行确权登记，将扶贫车间信息和收益发放等录入农村“三资”管理平台，实行实时监控、动态管理，及时对低效闲置扶贫车间进行整改提效。

扶贫车间建村头　脱贫路上有奔头

刘久锋

就业，一头连着老百姓饭碗，一头连着经济社会发展。面对新冠肺炎疫情的冲击，党中央、国务院把稳就业放在“六稳”“六保”任务之首。

作为脱贫攻坚主战场、劳务输出大省的贵州，2020 年初以来，在分区分级精准防控新冠肺炎疫情的同时，坚持“输血”与“造血”并举，把稳定农民及农民工就业作为重中之重，全力稳就业保民生，确保如期完成决战决胜脱贫攻坚和全面建成小康社会目标任务。

就业稳则人心安
——稳住岗位抓培训，让农民工多些收入

“企业有订单，群众有活儿干，对于复工复产，大家都很有信心。”走进六盘水市六枝特区易地扶贫搬迁安置点的“扶贫工厂”，正在组织工人生产的凯丽达公司负责人郑娟说。生产车间里，十余条生产线全部开工，来自当地易地扶贫搬迁安置点的 30 多名员工也开启“赶货模式”，加足马力忙生产。

保就业就是保民生。“要把确保建档立卡贫困户、易地扶贫搬迁户和边缘户劳动力充分就业作为重中之重，全面摸清贫困人口当前就业状况，坚持内外并重、多措并举，想方设法稳住并增加现有劳务就业

岗位。”贵州省委领导在全省劳务就业扶贫工作会议上对发展劳务就业扶贫发出了“动员令”。

食用菌是水城县的支柱产业之一，全县已建成一个日产32万磅的菌种厂和3050亩食用菌种植基地。最近这段时间，农民蔡昌柳和60多名老乡在菌种厂配套的培训学校里进行为期10天的理论加实践学习，通过考核后就能正式成为水城县食用菌产业工人。

“我身边有很多亲戚朋友，他们都在这里上班，每天上8个小时，工资待遇还可以。今年又招新人，我就来报名了。”蔡昌柳说。

以食用菌、猕猴桃、刺梨等近400万亩特色产业为依托，六盘水市共解决了66.29万人次就业，其中企业端就业人数超过7.7万人。

就业稳则人心安。47岁的杨红敏是印江县建档立卡贫困户，搬到了铜仁市易地扶贫搬迁打角冲安置点后，社区为她提供了一份保洁员工作，每个月有2000多元的收入。杨红敏告诉记者，现在她所在的安置点还对50多户贫困户进行技能培训，培训合格后将被安排在社区邻里调解员、信息采集员和楼栋长等岗位工作。

2020年，贵州省推动劳务就业人员精准匹配，建立和完善大数据平台，通过线上采集与线下摸排结合，对全省422万建档立卡贫困户和易地扶贫搬迁人口的就业信息再次进行完善复核，并全部纳入贵州省劳务就业扶贫大数据平台管理。

贵州省立足省内做好拓岗，围绕12个农业特色优势产业、十大千亿元级工业产业发展和“六网会战”等带来的就业空间和容量提升，做好群众参加重大工业项目、公益性岗位兜底安置等衔接服务，带动群众就业。聚焦省外全力稳岗，借助东西部扶贫协作机制，贵州全省除贵阳外的8个市州与8个对口帮扶城市逐一签署了8份稳岗协议，与非对口帮扶城市签署了32份稳岗协议，努力将贵州外出务工人员稳在当地、稳在企业、稳在岗位。

拓宽就业渠道找门路

——有就业岗位就有未来，就有致富的机会

“我沿途看到很多闲置的厂房，政府完全可以支持企业利用起来，进一步扩大生产。要多招一些当地的农民工兄弟姐妹。”国务院总理李克强于2020年7月6日在贵州铜仁考察倍易通科技有限公司时说。这家公司是铜仁从深圳重点引进的智能终端龙头企业，现有员工2000多人，其中今年全面复工复产后新招返乡农民工1592人。

得知该企业还将进一步扩产增员，李克强总理马上为当地政府和这家企业“搭桥”，鼓励他们多招当地农民工。

有就业就有创造，就有致富的机会。年初以来，在贵州各级党员干部的微信朋友圈中见到最多的是发布的招聘信息，农村的小喇叭里宣传最多的是就业政策，现场设点最多的功能是为企业复工复产提供帮助。

“我们公司的订单目前已经排到7月底，只要群众有手艺、愿意学，都可以来这里上班。”郑娟说，疫情防控期间，员工们不仅可以得到当地政府给予的每月400元的稳岗补助，公司还为每个人都购买了保险。

铜仁市属于武陵山连片特困地区。疫情防控期间，针对外出务工人员返岗难、增收难的问题，铜仁市开展了以促进外出务工返乡人员本地就业为目标的“留雁行动”，已促成5.5万余人在本地就业。

郭红梅是贵州铜仁印江县的贫困户，此前她一直在广东的电子厂上班。2020年2月，原公司一度停产，正当郭红梅为生计发愁时，村里的帮扶干部找到她，向她推荐铜仁高新区一家新投产的电子企业。经过一周的岗前培训，3月初郭红梅签订了劳动合同。

“没想到在浙江学到的手艺，在这儿也有了用武之地，工资也和在浙江那边差不多。”在六枝特区落别乡合怡兴民族手工艺品布依特色染织刺绣车间，绣娘王妹霞笑着说。

王妹霞今年没有外出务工，在朋友圈看到社区工作人员发布的刺绣工人招聘信息，决定试一试，没想到不仅自己获得了一份满意工作，还解决了绣坊急缺技术工的问题。

从过去的“人找政策、企业找补贴”到现在的“政策找人、补贴找企业”，一项项随“疫”应变的政策和举措正化为源源不断的动力，让更多人重拾就业信心，也为就业形势稳定兜牢底线。

扶贫车间“产出”小康生活

——扶贫车间建村头，脱贫路上有奔头

一处扶贫车间辐射带动当地100余户贫困家庭在家就业；疫后发展政府送来了暖心扶持；为贫困户提供带薪上岗技能培训；工业扶贫车间计划今年再增员……在贵州不少扶贫车间内，“奔小康”的故事正在上演。

农闲时间，贵州省长顺县长寨街道办事处所把村格哨组村民梁忠晴就会坐到家中摆放着的一台机器前，加工雨伞配件。

机器是长寨街道办事处“送”的，许多村民家中都有这样一台加工雨伞配件的机器。为了保障辖区锦顺、顺兴两个移民安置社区的就业问题，办事处引进雨伞配件组装订单，将扶贫车间开到村民家中，“送机器、送岗位、送服务、送材料”，充分利用村民农闲时间，让大家有事干、有钱赚。

贵州易地扶贫搬迁总人数占全国计划总数的15%，达到188万人，“稳得住”“能致富”成为易地扶贫搬迁后续的大考验。疫情防控期间，

贵州铜仁市沿河县沙沱社区搬迁群众在大龙开发区援建的扶贫车间里工作

由于信息不畅，很多企业面临“用工荒”，而一些搬迁群众却被困在家里“闲得慌”。充分发挥安置点社区服务中心的纽带作用，让群众在家也有事可做，有钱可赚，为“做好易地扶贫搬迁后半篇文章”提供了有力支撑。

“很喜欢现在的工作。”杨丽燕是 2018 年 7 月搬到黔西南州晴隆县阿妹戚托小镇的，“一开始搬迁的时候心里总是担心搬迁到这里后，没有了土地，生活怎么办。而搬来后这些担忧完全没有了。我们不仅住上了新房，在家门口上班，孩子也在家门口上学，这一切的变化以前从未想过。”

如今，走在贵州各个易地扶贫搬迁安置点，扶贫车间成为标配。中央统战部挂职干部昂翁洛布表示，扶贫车间闯入海外市场，不断开拓业务，不仅增强了本地产业“造血”功能，带动相关产业全产业链的发展，而且为易地扶贫搬迁民众就业增收提供了更有力的保障。

从田间劳作、外出务工到家门口的扶贫车间就业，越来越多搬迁民众逐渐适应了上班族朝九晚五的生活。

截至 2020 年 7 月，贵州省建成扶贫车间 914 个，解决搬迁劳动力就业 1.7 万人；建成扶贫基地 238 个，解决搬迁劳动力就业 8123 人，建档立卡贫困劳动力务工收入占家庭总收入的 70%左右。

面对疫情挑战　扶贫车间快速复工复产

马晓刚　李　昊

2020年是全面建成小康社会目标实现之年，是全面打赢脱贫攻坚战收官之年。一场突如其来的新冠肺炎疫情让脱贫攻坚工作面临前所未有的困难和挑战，为确保打赢疫情防控和脱贫攻坚两场战役，内蒙古自治区毫不松懈持续抓好疫情防控，争分夺秒奋力决战脱贫攻坚。

“疫情使得我区贫困群众外出务工受阻，贫困户的生产发展和产品销售遇到困难，一些扶贫项目复工可能延期，而且驻村入户帮扶开展受到影响。”内蒙古自治区扶贫办相关负责人介绍。

2020年3月27日，内蒙古乌兰察布市卓资县福安社区居民在扶贫工坊内编织汽车座垫

为减少疫情对脱贫攻坚工作的影响，内蒙古分类施策，对全区各地扶贫车间情况进行详细摸排，有针对性地采取措施，推动扶贫车间尽快复工复产。同时，全区扶贫系统和驻村干部转变工作方式，采取多项措施防止疫情对接续推进减贫产生影响。

多举措推动扶贫车间尽快复产

走进兴安盟扎赉特旗的妇女手工制品扶贫车间，缝纫机“嗒、嗒、嗒”的声音格外响亮。从 2020 年 2 月 8 日开始，这个扶贫车间变成了口罩生产车间，当地妇联、人社局工作人员和贫困户一起争分夺秒地忙碌着。

“新来的一批口罩布给我们吧，放心，我们一定第一时间赶制出来。”口罩制作小分队队长张秀华主动请缨。

扎赉特旗人社局就业股相关负责人表示：“我们做的口罩每天都在出货，送给一线工作人员，只要疫情不结束，我们就一直这么做下去。”

连日来，在扎赉特旗巴彦扎拉嘎乡农场村微信群和 QQ 群里流传着大家做手工草编的视频和照片。原来，这是农场村草编扶贫车间在防疫期间号召广大妇女在家做手工草编，同时开展线上评比。这一活动，不仅让村民在防疫期间有事可做，还增加了村民的收入。

“近日，我们下发了《关于调查疫情影响扶贫车间和贫困户农产品销售情况的通知》，对全区各地扶贫车间情况进行详细摸排，并在此基础上有针对性地采取措施，推动扶贫车间尽快复工复产。同时，指导各地扶贫车间线上开展订单申请、原材料订购工作，充分运用互联网平台，发挥网上就业服务作用，及时发布就业用工需求信息，鼓励引导扶贫车间开展网上预招工，确保贫困劳动力能及时就业。”区扶贫办相关负责人说。

内蒙古还加大对扶贫车间的金融支持力度，特别是对受疫情影响较大的扶贫车间给予资金倾斜，并规范村级光伏收益使用，将收益的80%以上用于设立公益性岗位和支付贫困劳动力劳务费。

驻村工作队扶贫防疫“两不误”

2020年3月份，扎赉特旗阿拉达尔吐苏木图门嘎查贫困户佟立军家的母牛连续下了3头牛犊，还有5头也要临产。佟立军说，没有驻村扶贫工作队和产业指导员的帮助，他的牛产业不会发展得这样好。

图门嘎查现有38户贫困户107人。按照产业规划，全村以发展养牛业为主，贫困户户均养牛4头。当前正是牛产犊高峰期，如何让贫困户的产业发展不受疫情影响成为驻村工作队面临的重要问题。经过深入调查，工作队组织产业指导员挨家挨户对棚圈建设、饲料供应等关键环节进行一对一指导。

在春耕生产方面，驻村工作队帮助贫困户协调资金，提供种子、化肥价格信息和购买渠道。这些关心和鼓励带给贫困户极大的信心。“他们主动上门来问我们是否缺农药、种子和化肥，都想着我们呢！”佟立军说。

“面对疫情防控和脱贫攻坚双重任务，我们队员变压力为动力，积极为贫困户谋划生产发展大计，确保脱贫户不掉队、早脱贫。”图门嘎查驻村工作队队长明珠说。

已是春耕备耕时节，可是鄂尔多斯市乌审旗一些村民上一年的玉米还堆放在晾晒场。受疫情影响，基本没有外地买家前来收购。驻村工作队多方联系，为村民联系到了买家和大型玉米脱粒机。

“在疫情排查中，我们发现一些农户家里的玉米未能销售，老百姓非常着急，于是村‘两委’班子和监委一同协商来解决问题。”乌审旗水土保持工作中心驻纳林河村第一书记斯日古林说。

疫情发生后，斯日古林立即返村到岗，放弃了春节假期，积极组织村“两委”做好防疫宣传工作，增强村民防疫意识。在防疫工作开展中，得知部分贫困户生活物资紧缺，斯日古林第一时间买上物资送到贫困户手中。

据统计，全区扶贫干部队伍超过70%的人员参与到所在地区疫情防控工作中，发挥了不可或缺的作用。

建立健全防止返贫长效机制

内蒙古已经出台了《巩固脱贫成果防止返贫致贫的指导意见》，重点从“促进稳定增收、提升脱贫质量”“加强返贫致贫监测、适时启动救助”“强化统筹衔接、巩固脱贫成果”3个方面着手做好相关工作。

内蒙古自治区扶贫办于2020年1月30日、2月10日分别下发《关于做好新型冠状病毒肺炎疫情防控和当前脱贫攻坚重点工作的通知》《开展新型冠状病毒肺炎疫情影响脱贫攻坚情况调查的通知》，对扶贫系统做好疫情防控工作提出了具体要求，对全区各地相关情况进行详细摸排，并在此基础上有针对性地采取措施，推动各类扶贫车间尽快复工复产和脱贫攻坚各项工作有序开展。

“首先，我们对全区的设施农业和生产加工企业生产状况进行摸排调查，支持农畜产品加工企业在做好疫情防控的基础上，尽快开工生产。其次，在疫情防控期间，利用现代信息传输手段，采取网上审批、视频会议等方式，统筹做好扶贫项目建设筹备工作，加快项目审批立项进度。另外，强化产品市场动态监测，根据疫情发展尽早制订生产计划和采购计划。畅通农产品销售渠道，积极推进农畜产品生产与大中城市农贸市场、大型超市对接，为产品销售运输车辆开通‘绿色通道’，保证贫困群众增加销售收入。”区扶贫办相关负责人说。

扶贫办相关负责人还表示，内蒙古严格按照“四个不摘”要求，建立了“防贫保”机制，通过“政保联办、群体参保、基金管理、阳光操作”运作模式，提供防贫托底保障，并积极用好扶贫小额信贷，搞清贫困群众生产资料需求，做好扶贫产品认定，推动贫困群众发展生产、稳定生产收入，最大限度地减少疫情对脱贫的影响。

扶贫车间让贫困户稳定就业

何定明　姚　媛

在广西壮族自治区桂林市灌阳县水车村，村民翟秋正掀开塑料大棚的一角，平整整的土地上，长着白花花的羊肚菌菌丝。

“我们先种一季优质水稻，收获后建大棚，再种一季双孢菇、羊角菌等，一年双收，水稻亩产值2000元，食用菌亩产值可达1.5万元。”翟秋正说，这里有10多个贫困村民务工，每月能拿2000元工资。

这40亩地是县里正在大力推广的“稻+菌”综合模式示范点，是实施特色农业产业脱贫的“先头部队”。

这是当地的创新，其实也是无奈。“八山一耕地，半水半村庄”的资源条件，如果没有好点子，就无法让这个自治区扶贫开发工作重点县顺利脱贫。

近年来，灌阳县委、县政府经过充分研判，向贫困全面突围：加大扶贫资金投入力度，积极打造农业产业示范区，以科技的力量激发产业动能，培育致富带头人，发挥“头雁效应”，设置扶贫车间让贫困户稳定就业。

选对路子，精准发力，扶贫成效凸显。截至2019年，全县优质水稻、林果、油茶、食用菌、蔬菜等特色产业覆盖率达97.6%，贫困发生率降至0.78%。

以示范区为引领　用科技提升产业

2016年以来，灌阳县累计发放贫困户产业“以奖代补”项目资金9984.42万元。金额颇大，然而，如果把扶贫资金“撒胡椒面”似的注入贫困面大的地区，一定“失了准头”，效果也大打折扣。

县里决定，要以特色农业核心示范区为引领，推动周边地区农业产业升级，进而提拉起全域农村经济发展。由此，灌阳引进大型农业龙头企业，成功创建“神农稻博园”水稻核心示范区、千家洞雪梨黑李产业核心示范区、油茶产业示范区等三大现代特色农业核心示范区。

黄关镇联德村、龙吟村的名气不小，2019年10月，袁隆平院士工作站在此成立。这里的“神农稻博园”水稻核心示范区是袁隆平院士1000公斤高产攻关基地之一，示范区总面积3万亩，覆盖贫困人口4367人。

“我们从2009年引进超级稻，这可是名副其实的‘吨半稻’。”联德村村主任史维军说，示范区内采用“超级稻+再生稻+绿肥”种植模式，头季稻和再生稻合计每亩产值达4720元。政府给贫困户很多“福利”，种超级稻，除了有1000元/亩的产业奖补外，每户还能获得100斤化肥。想在稻田里养鱼，政府会免费提供鱼苗。截至2018年底，示范区共带动2070户贫困户脱贫。

“田种稻、坡种果、山育林”是灌阳县近年来因地制宜、科学产业布局的写照。

灌阳镇的千家洞雪梨黑李产业核心示范区，以大仁村为核心，涵盖上王、秀凤等6个行政村，总面积2.5万亩。示范区在做大梨李产业的基础上，通过瑶族文化体验、“二月八”农具文化节、“六月六”尝新节等活动，年吸引游客10万人次，带动贫困户666户2441人脱贫。

有奖补，有先行示范区的带动，县里的示范场纷纷发展起来。以秋冬种示范场为例，凡每年9月1日后，首次自主利用冬闲田规模种植白菜、菜心、芥菜等特色蔬菜，以及种植小麦、蚕豆等粮油作物的，均可获得相应奖补。近两年，灌阳县共发展示范场110多个，总面积1万多亩。

选对了产业，还须有技术的加持，才能释放巨大动能。黄关镇大竹山村是一个山区贫困村。2018年7月，灌阳联春牛业科技有限公司的脱贫项目正式动工，一期工程引进优秀西门塔尔种母牛120头，种植牧草60多亩，带动10户贫困户脱贫，创造就业岗位50个。

“公司以肉牛品种改良为主，运用生物技术，能将传统的肉牛养殖效益提高50%以上。”大竹山村村主任赵增来说，目前有20多名贫困村民在公司务工，公司还提供母牛给农户饲养，全程免费技术支持，生出小牛一年后，公司统一回收，每户农户每年可增收近两万元。

为了让扶贫的“靶心”更为精准，灌阳设立了贫困户产业发展指导员制度，358名产业发展指导员到贫困户家中上门指导，手把手帮扶。翟秋正的“稻+菌”综合种植虽然刚刚起步，但是他的信心很足，因为县、乡里的技术负责人时不时就过来指导。

大力培育致富带头人　为贫困户传经送宝

农村致富带头人根植于农村，创业于农村，是农民身边鲜活的致富典型。近年来，灌阳县共完成216名创业致富带头人的培育和培训工作，确保全县67个贫困村每个村不少于3名创业致富带头人。

2018年，灌阳县创设“绿富联盟”，作为推进产业扶贫和乡村振兴的新载体，将全县生态产业致富带头人组织起来抱团发展。截至2020年3月底，该联盟共吸纳10个成员单位，覆盖油茶、梨、李、枣等多种产业。

为了让该联盟发挥实效，县农业农村局、县自然资源局等部门成立工作协调机构，并派出技术指导员对联盟体进行一对一驻点帮扶。然后，联盟成员依托县远程教育学用示范基地和远程系统资源优势，将自己的技术、经验快速传授给普通群众。

黄关镇兴秀村的黄关大坪山生态油茶种植示范基地就是绿富联盟的成员单位之一。蒋晓凤和蒋建军夫妇作为基地主要负责人，有着十多年的创业经验，深知农民增收不易。

从 2014 年起，他们先后投入 1000 万元资金，为 3600 户群众（其中有 517 户建档立卡贫困户）免费发放苗木 308 万余株，每户贫困户还能获得免费提供的 100 斤肥料和上门技术培训。现在基地的油茶种植面积达 1 万亩，辐射带动农户种植达 4 万亩，涉及灌阳县 20 多个行政村。

“每年至少外出讲 12 次课。”蒋晓凤说，现在基地的培训大楼正紧张施工，一层和二层的框架已经完成，“培训楼建好后，不但有了专业的培训场所，参加培训的人员还可以在楼里吃饭、住宿，十分方便。”

在绿富联盟试运营近半年的时间里，依托联盟基地安置贫困户就业 1200 户，以入股分红形式吸纳村集体经济投资 400 多万元，在开展公益方面投入 300 多万元，免费提供技术指导 2300 余人次，举办贫困户培训 2000 余人，产业推广 3.45 万亩。

有创业致富带头人在前面引路，灌阳县的新型经营主体快速发展起来，截至 2020 年 3 月底，67 个贫困村共有农民专业合作社 87 个，实现全县所有贫困村新型经营主体全覆盖。

扶贫车间生产忙　贫困群众变“上班族”

2018 年，灌阳县把扶贫车间作为打赢脱贫攻坚战的重要抓手，采用“企业 + 就业扶贫车间 + 贫困户”的模式在全县开展就业帮扶，把生产加工厂办在贫困户家门口，让贫困户成为“上班族”，稳定增收，实现脱贫。

水车镇三皇村村民蒋民发将自己的扶贫车间命名为“水车镇弃贫家庭农场”，他常年带动 10 个贫困村民通过务工增收。“‘弃贫’，就是希望能带动更多的人摆脱贫困。”蒋民发说。

在桂林康乐人粉业有限公司的扶贫车间里，贫困户伍齐凤从 2016 年开始就在这里工作。“以前在家种水稻、白菜，没有什么收入，现在每月能拿到大概 3000 元的工资，生活好了很多，两个孩子能顺利完成学业，家里也盖了新房，我家在 2018 年实现脱贫。”伍齐凤高兴地说。

在新街镇永富村的灌阳永盈红薯粉产销专业合作社里，贫困户刘玉珍正忙着将红薯粉条清洗晾晒。这是她在这里工作的第三个年头，

贫困户正在桂林康乐人粉业有限责任公司的生产线上劳动

她每年有近2个月的时间在这里工作，每天工作8小时，每天可以拿到70元。“红薯粉是我们这里的特产，工作虽辛苦，但是能从事这项工作我很开心。”刘玉珍说。

为了激发各类经营主体吸纳建档立卡贫困家庭劳动力就业的积极性，灌阳县按每人1000—1600元不等进行补贴，对新办的各类市场主体，带动5户及以上贫困户的，按1万元的标准给予市场主体一次性创业补贴。

“这种激励机制简单直接，永盈红薯粉产销专业合作社吸纳贫困户务工，共获得2万元的奖补资金。”永富村村支书王熙槐说。

对于县里的18个深度贫困村和48户极度贫困户，县委、县政府加大支持力度。按每个深度贫困村不少于5人的要求，目前已与90名建档立卡贫困户签订公益性岗位劳务合同；除了12户极度贫困户自动放弃机会，其中33户极度贫困户已与各镇政府签订公益性岗位劳务合同，剩余3户极度贫困户被林业部门安排为生态护林员。

发展纺织产业　助力精准扶贫

——山东德州恒丰集团就业扶贫让百姓实现家门口脱贫

胡明宝　王砚才

2020年的年初，宁夏吴忠市红寺堡区的赵彩霞压在心里的石头总算落地了。因为她向政府提出了脱贫申请，并且获得了通过。她高兴地说：“我们家正式脱贫了，终于不再拖国家的后腿！”

“多亏了德州恒丰集团在我们这里建的纺织厂，让我有了稳定的收入来源，摘掉了贫困户的帽子。”赵彩霞家是从山上搬迁到红寺堡区的贫困户，现在是吴忠兴民纺织的一名员工，在这里已经工作两年了。

来兴民纺织上班之前，赵彩霞做过加油员、包装厂辅助工，为了生计她一直在忙碌着。自从德州恒丰集团在红寺堡区建立兴民纺织开始，她就加入了公司。公司在家门口，上下班只需10分钟，工资稳定，她对目前的生活感到很满意。

在吴忠市，与赵彩霞一样通过在恒丰产业扶贫项目就业而脱贫的人还有很多。山东德州恒丰集团是民营纺织企业集团，是一家从国有棉纺厂改制重生的企业。经过改制后10多年的发展，企业规模扩张了36倍，从濒临破产上升到棉纺织行业竞争力五强。

德州恒丰集团发展不忘反哺社会，在企业不断发展的同时积极履行社会职责，积极响应国家提出的“一带一路”倡议和东移西进、支持西部发展等战略号召。在国家提出精准扶贫战略后，德州恒丰集团积极响应这一号召，踊跃投身精准扶贫活动，将发展纺织产业、促进精准扶贫作为自己的社会责任，立足自身技术、管理、人才等各方面优势，把产业扶贫、就业扶贫作为突破口，通过把扶贫工厂建到贫困村家门口的形式，帮助村民就地就业，就地脱贫，走出了一条“企业发展与精准扶贫互促共赢”的新路子，既带动了当地群众发展产业增收致富，又实现了企业自身的快速发展。

目前，恒丰集团利用安置就业、建立企业等方式共开展 4 个扶贫项目，其中山东德州市陵城区一个，宁夏吴忠市两个，广西陆川一个。为此，恒丰集团被授予“全国万企帮万村精准扶贫行动先进民营企业”荣誉称号。

赵彩霞所在的吴忠兴民纺织，是 2017 年 9 月 26 日开工奠基的，此项目是恒丰集团投身扶贫事业以来建立的规模最大的扶贫项目，总投资 15 亿元，总规模 20 万纱锭、2000 头气流纺、1000 台织机，项目全部开工后可解决 2200 余人就业。2019 年 10 月底，吴忠兴民纺织已为 174 名建档立卡的贫困人口安排了就业，在脱贫攻坚工作中发挥了助力作用。

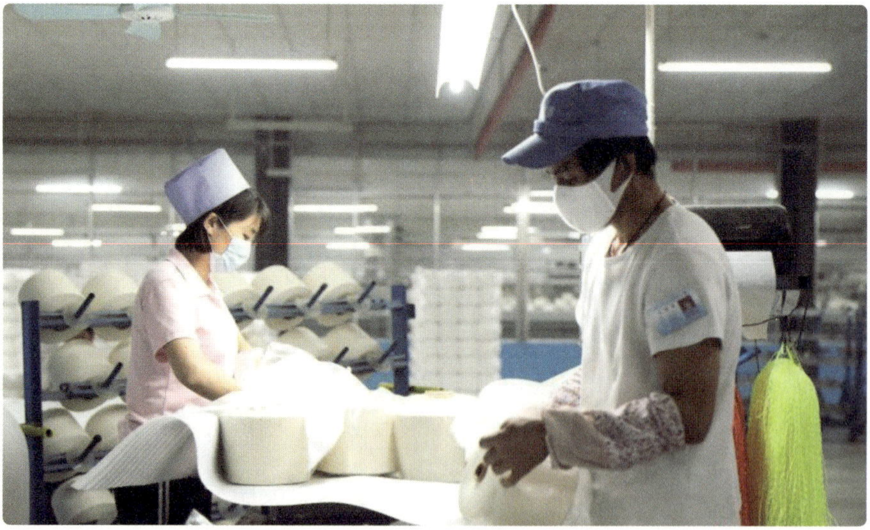

工作人员在宁夏恒达纺织扶贫车间的生产线上忙碌

2016 年，宁夏恒丰集团积极响应吴忠市精准扶贫的要求，采用政府投资建厂、企业投资设备联合建企合作模式，在利通区扁担沟镇同利村成立了宁夏恒丰同利巾被有限公司，通过“村企联建、以企带村、以村促企”的扶贫模式，实现了贫困户就近安置、就地脱贫。2019 年 11 月，宁夏恒丰同利巾被为 120 位村民解决就业，其中同利村建档立卡户 58 户，村民人均收入提高 2500 元。

德州市陵城区德鹏织造有限公司是恒丰集团在陵城区政府的指导下建设的精准扶贫项目，该项目总设计规模为 108 台织机，年产 1200 万米高档特宽幅服装、家纺面料生产，年实现销售收入 3800 万元，可提供就业岗位 300 个，员工平均工资 2800 元。

2018 年 9 月，陆川恒和纺织科技有限公司在广西陆川县奠基，总投资 6 亿元。现已安置建档立卡的贫困人口 20 人，2019 年 11 月，“就业扶贫车间”在陆川恒和纺织车间挂牌。

4 个精准扶贫项目为当地的百姓脱贫提供了就业机会，实现了家门口脱贫。不仅精准扶贫项目在发挥扶贫力量，恒丰集团其他企业也在为产业扶贫贡献着力量。

“三条路”铺就致富坦途

——贵州桥梁集团帮扶从江县加勉乡

李佳隆　胡应锋　龙　成

2020年6月9日清晨，持续一夜的暴雨刚停，乌云还未褪尽，周成明和同事们已经深一脚、浅一脚地走向从江县加勉乡加模村、党翁村的各个寨子。连日暴雨，他们要尽快排查灾情隐患，入户了解村民受灾情况。

同一时间，贵州桥梁集团大通公司施工队迅速出动，开始抢修塌方的宰便镇至加勉乡二级路，这是加勉乡通往外界的主干道。

如同2016年来到贵州省从江县开展脱贫攻坚一般，“筑路在一线、扶贫在一线、救灾在一线”，这就是贵州桥梁集团四年扶贫的真实写照。

畅通出山路

2017年4月15日，从江县加勉乡至宰便镇的二级公路扩建工程开工。14个月施工建设期间里，历经30余次塌方，建涵洞42个、填土石方79万方、浇灌路面沥青1.08万吨，加勉乡第一条二级路通车，加勉人的生活半径也得以扩展。

过去加勉乡人采购生产、生活物品都要去宰便镇。每到农历“逢二、逢七”，蜿蜒的山路上往来的都是背扛、肩挑重物的老乡。“以前赶场，我早上4点起，走到隔壁乡都要4个小时，现在路一通，骑着摩托车只要20分钟左右。”加勉乡党翁村村支书王志德说。二级路、通组路相继通车，缩短的不仅是村民出行的时间，更重要的是让他们最直观地感受到：外面的世界很大，村外的世界其实没有想象的那么遥远。

随着加勉乡23条通组路、15条产业路相继通车，不少种田人也想尝试做一把“生意人”。“老早就盼望在家门口有条干净的水泥路，路一通，我们的想法开始多了。”贫困户吴老龙说。他已和妻子商量好：妻子养香猪，他制米酒。

2020年5月15日，从江县15条县乡路面改造项目主体工程提前完工，贵州桥梁集团完成了扶贫道路建设的重要一环，不仅解决了县乡公路“两头好、中间差”的“中梗阻”问题，还带动当地1048人就近务工增收。

疏通就业路

贵州桥梁集团依托自身工程管理优势，在定点帮扶之初，就把

由贵州桥梁集团改扩建的宰便镇至加勉乡二级公路

"就业扶贫"作为脱贫致富最直接、最有效的方式。通过"降低门槛、家门口招聘、定制培训上岗"等方式，提供收费员、操作手、驾驶员、厨师、保安等多个岗位，实现90余人稳定就业。

在修筑宰便镇到加勉乡的二级公路时，贵州桥梁集团脱贫攻坚前线工作队通过与乡政府对接，配合下属第三分公司、大通公司扶持组建加勉乡施工班组，就近就地培训一批村民特别是困难群众成为技术工人，让其在家门口就业。

党翁村六组村民龙信就是这一措施的直接受益者。

2017年，龙信在前线工作队的劝说下，毅然放弃继续外出打工的想法，加入宰便镇至加勉乡项目施工队。龙信从基础的路肩墙混凝土浇筑模板固定学起，逐渐成长为机械操作手，从开压路机到摊铺机，技能越来越强，收入也越来越高。

看到在施工队工作不久的龙信盖起了新房，党翁村不少村民主动找到项目部，要求加入施工队。

随着党翁村务工村民的不断增加，2019年7月，在贵州桥梁集团大通公司的帮助下，以龙信为法人代表的从江县党翁工程建设专业合作社正式挂牌成立，党翁村的劳务队伍建设和劳务输出也开始走上正轨。

"刚来公司的时候，我一个月收入只有两三千，现在平均一个月能挣6000多块。"2019年初，龙信用两年间攒下的6万元买了车，"现在工作和收入稳定，村里的路也好走，我才敢贷款买车。"

实现就业只是第一步，帮助村民增强内生动力，做到"一技傍身"才是帮助他们获得持续工作机会、保障其不返贫的关键。为此，贵州桥梁集团有针对性地制定培养方案，由专人负责思想工作和技术指导，确保劳务施工队伍人员稳定，技能有效提升，真正学到一技之长。

同时，为帮助当地劳务队伍迅速健康成长，贵州桥梁集团还对原八洛小学教学楼进行翻新，并新建食堂、卫生间等设施，将其改造成为“实训基地”。“实训基地”设置教室2间、宿舍6间，还有会议室、劳务服务管理办公室等，可同时满足60人学习生活。

2019年11月，八洛实训基地迎来首批21名来自大歹村的务工人员。经过为期12天的劳动技能、安全生产等培训，他们正式上岗，参与到从江县丙妹镇小融至大歹农村扶贫公路的建设中。

2019年11月22日，贵州桥梁集团出资140万元参与筹建的从江扶贫建设工程服务有限公司正式成立。集团从公司成立、办公场所选择、组织机构设置、管理团队组建、设备采购及租赁、经营管理等方面给予全力支持，并选派了包括1名总经理、1名副总经理、3名部门负责人的团队全身心投入公司经营管理，帮助其尽快做强做大。贵州桥梁集团将培养的11支从江劳务队伍纳入扶贫建设工程服务有限公司统一管理，探索有组织的劳务就业新路，现已完成劳务产值130多万元。

贵州桥梁集团正在按照近期解决就业、中期解决创业、远期发展产业“三步走”战略打造从江扶贫公司名片，筑牢筑实从江脱贫攻坚、实现乡村振兴的产业支柱。

打通产业路

从江县有养猪的传统，早在2011年就由原农业部批准对“从江香猪”实施农产品地理标志登记保护。

自2016年10月开始，贵州桥梁集团就开始针对贫困养殖户进行“订单式”“保底式”收购，一方面为香猪养殖户打通销售渠道，另一方面积极推动当地香猪产业发展。

为了能够带动更多村民脱贫致富，在扶持“从江香猪”产业的同时，贵州桥梁集团调研发现，当地十分适合贵妃鸡的养殖。为此，贵州桥梁集团脱贫攻坚前线工作队先后到印江县郎溪镇三村蛋鸡养殖基地、贵州合众农业开发公司紫薇镇贵妃鸡养殖基地，参观学习林下鸡养殖技术。

经工作队研究，确定了党翁村林下养殖基地采取“公司＋合作社＋农户”“10户为一体”等发展模式，发展贵妃鸡规模养殖。

“我在养鸡场当保安，老婆当饲养员，不算分红，现在我们一个月能挣3500块，日子越来越好过了。”45岁的龙晓停来自党翁村五组，直到最近才感受到养殖贵妃鸡带来的实惠。

党翁村已经建成两座生态养鸡场，养殖规模达到4500羽，日产鸡蛋约1500枚。合作社已进行5次分红，合计分红10万多元。

发展养殖业的同时，贵州桥梁集团还因地制宜发展蔬菜种植业。在弄向村，第一书记苏洪波就动员村民种植黑皮冬瓜，仅2019年一季，就收获冬瓜13万斤，销售收入达10.5万元。

2020年，根据贵州桥梁集团统一部署，弄向村驻村第一书记苏洪波动员村民种植辣椒，全村共有66户参与，种植面积达85亩。还带动了加模、党翁两村145户村民参与辣椒种植，种植面积58.36亩。

从江自然环境优美，具备发展乡村旅游产业的条件。贵州桥梁集团出资近500万元修建加勉乡党翁村乡村旅游活动中心，截至2020年6月30日，活动中心累计接待2397人次，实现营业收入70.46万元，解决了当地7名贫困群众稳定就业，村集体经济收入也水涨船高。

从发展“从江香猪”、贵妃鸡、辣椒等产业，到组建乡村旅游活动中心，贵州桥梁集团牢记企业社会责任，积极投身脱贫攻坚的第一线，用实干、苦干提升了加勉乡村民的获得感、幸福感。

于家庄村从“种玉米”到“做文创”

潘凤娟　王珊珊

在山东省临沂罗庄区傅庄街道三重社区于家庄村的微型盆景种植基地内，一万多盆微型盆景或挺拔，或苍劲，或飘逸，或流动，带给人一种悠远意境。

别看这盆景小，它们已经以每盆30—50元的价格全部被预订了，2019年8月开始，已经从这里走向全国48个城市的千家万户。

“我们不是先有产品然后想办法去卖，而是先把顾客吸引集聚起来，然后做出创意产品卖给他们。”于家庄村第一书记诸葛仕祥说。

这个可以简单归纳为“无中生有”的农业转型发展模式，以近乎不可思议的惊艳开场，赢得了巨大的商机。

2018年4月，临沂市退役军人事务局职工诸葛仕祥到于家庄村挂职第一书记。在完善村基础设施建设的同时，他一直在思考，如何长期而有效地带动村民共同富裕，即使第一书记走了，村民也可以一直依靠项目脱贫致富。

第一书记入职之初，诸葛仕祥曾参加过集体的电商培训。“传统的电商，通过天猫、京东等平台销售，投资大、成本高，并不适合于家庄的发展。”诸葛仕祥说，他熟悉的朋友中，有不少做电商销售、大数据建设方面的人才。在跟他们沟通交流中，他萌生了一个想法：依托社群流量，搭建一个自己的社交电商平台。

先建平台、建渠道、再做产品，这个看似天方夜谭的建议，却在不断的探讨交流中，打动了村“两委”班子，并得到了傅庄街道党委的认可。傅庄街道更是投资了 350 万元用于平台及大数据库的建设。

2019 年 4 月 1 日，一个由傅庄街道投资、于家庄村集体入股、电商大佬加入管理的社交电商销售平台搭建了起来，平台命名为“来日可期”。

依托大数据以及技术支撑，短短一个月的时间，“来日可期”就在全国 48 个城市搭建了站点，建立起 1 万个社群，覆盖 300 多万消费人群。

销售平台搭建起来了，马上要进行产品的销售尝试。可放眼于家庄，并没有适合销售的产品，诸葛仕祥他们把眼光放到了更广泛的地方。

此时，傅庄街道三重社区内一家蘑菇种植基地引起了大家关注。经过考察，这个蘑菇基地并没有任何优势，“基地蘑菇的批发价是每斤 3 块钱，而在超市里的蘑菇售价也是每斤 3 块多”，诸葛仕祥说，大家集体“头脑风暴”了多次，最后萌发了做蘑菇菌包的想法。

“我们卖的是一种体验，将产品定位于家长送给孩子的一份感受蘑菇生长‘魔力’的礼物。”电商平台负责人黄赛克说。第一款蘑菇产品“魔妮小屋”上线，消费者定位于 4—12 岁的儿童，消费者购买了“魔妮小屋”后，只需按照包装盒上的指示划开一个圆口，并适时喷水，几天时间，“小屋”就会长出密密麻麻的小蘑菇。“也就是说，我们没卖蘑菇，而是卖了蘑菇菌包。”

4 月 22 日，第一批 2 万个“魔妮小屋”上市。依靠前期搭建的社群流量，2 万个产品一下子就被抢购一空。

蘑菇一斤才卖 3 元，后期还需要人工、物流等耗费。现在，由于深得广大消费者青睐，一个小小蘑菇菌包“小屋”就卖到了 19.9 元，利润比之前翻了几番。

“现在我们有点儿供不应求，一直在压制着销售量。”黄赛克说，经过第一代产品销售数据的反馈分析，他们正在包装升级的“魔妮小屋”二代产品即将上市。

如何把这种模式反哺到于家庄？“考虑村内实际，种植微型盆景潜力很好。”诸葛仕祥刚入驻村子时，就曾提到过建微型盆景种植基地的想法，但被村民集体否决了，“我们种了一辈子小麦玉米，让我们去种植微型盆景，那么娇贵的东西怎么养？种了我们往哪里卖？”

4 月 29 日，于家庄村党委书记于洪春同诸葛仕祥到上海考察微型盆景种植。“感觉很震撼，微型盆景好打理，而且利润高。”赶回于家庄，于洪春立刻召开了全体村民大会。依托销售平台的预售及消费数据整理，微型盆景的良好前景最终被村民们认可。

据了解，盆景大棚才刚开始建立，诸葛仕祥就已经把 1 万盆微型盆景通过平台预订的方式都卖出去了。

“销路解决了，我们没有任何后顾之忧。”正在整理盆栽的村民于永腾告诉记者，“有了市场、有了销路，我们就有了种植的底气。”于洪春信心满满。从目前来看，微型盆景基地的年产量预计在 150 万盆以上，今年有望为于家庄村实现集体收入从无到 100 万元的突破。

让每个劳动力都有增收的机会

——河南虞城县全面推进脱贫攻坚见闻

张培奇　范亚旭

冬日里，在豫东虞城县稍岗镇韦店集村的钢卷尺扶贫车间内，20多名来自周边村的贫困户正在紧张地加工着钢卷尺。“在家门口打工既能顾家，又能挣钱，真是一举两得。有了政府的帮扶，靠自己的双手，脱贫致富就在眼前。”因学致贫的韦店集村村民何翠霞一边熟练地操作着机器，一边时不时抬起头给记者说着话。

家门口有产业，足不出村有活儿干。在家门口务工挣钱的场景仅仅是河南省虞城县以脱贫攻坚助力乡村发展的一个缩影。近年来，虞城县突出特色产业优势，聚集全县各方资源，积极发展果蔬种植

虞城县尺业车间内工人生产钢卷尺

加工、畜牧养殖、五金工量具等产业，拓宽了群众的增收渠道；同时，还加强了乡村基础设施的建设力度，美化了村容村貌，加快改善了农村人居环境。

激发贫困户的潜能　由“要我脱贫”变为“我要脱贫”

走进李老家乡唐楼村，干净整洁的道路，两旁栽着整齐的绿化树，骑着电动三轮车的环卫工人不时停下，清扫路边的落叶。“自脱贫攻坚战打响以来，村里先后为贫困户提供了多种就业渠道，有产业支持的，有转移就业的，还有几个打扫卫生的公益性岗位。”虞城县信访局驻唐楼村第一书记田秀章介绍。

家门口新修了柏油马路，吃上了自来水，危房改造全部完成，贫困户在天寒地冻的日子里感受到的却是暖意浓浓。“党的政策真是好，以前因为家里缺技术，靠着仅有的几亩地，日子过得紧巴巴的，房子破了也没钱修。今年 5 月，政府的危房改造项目，把我家的房子全部修了一遍，原本破烂不堪的房子，变成了一处新居。”说着，贫困户王新君邀请记者到他家的院子里看一看。

在驻村工作队的帮助下，王新君考了驾照，并在县城的一所学校里当起了专职司机，其孩子也外出去打工了，一家人的日子慢慢开始过得红火起来。“今年肯定能脱贫！”王新君坚定地说，“政府对我们家支持那么大，现在有了技术，再不好好干，真是说不过去了。”

在城郊乡郭土楼村，49 岁的“五保”贫困户李红伟自从在县城一家养生中心上班之后，每天见人都是满面笑容。从小父母双亡的李红伟患有心脏病、糖尿病，以前靠着五保金和土地租金紧张地维持着生活。“考虑到他的收入刚够吃药看病，如果有什么事情，他根本拿不出钱来，根据实际情况，村里给他找了一个给别人看大门的工作，每月收入1500元，既不需要出大力气，又为他的生活添了保障。”郭土楼村支部书记杨新文介绍。

为了让更多的贫困户顺利实现脱贫致富，虞城县还推行了“居家灵活就业”模式，辛迪纺织、双建工量具等劳动密集型企业在贫困村设立分散加工点，为贫困户提供技术、原材料等，并负责回收成品。因为是多劳多得，也激发了贫困户脱贫致富的热情，先后带动了5100多名贫困人口脱贫。同时，以扶贫与扶智、扶志相结合，全县投入励志奖补资金2000万元，继续搞好“脱贫励志奖”和“乡贤孝子”等评选活动，有效解决了贫困户隐瞒收入不脱贫的问题，激发了贫困群众脱贫致富的内生动力。

打造多元扶贫产业　因人而异提供就业岗位

“十里画廊”生态产业园、510平方米的五金工量具扶贫车间、150亩的蔬菜种植基地……如今，为带动贫困户发展，韦店集村真正把产业布置在了村里。“全村还有19户34人未脱贫，大多是兜底户。现在村里只要是有劳动能力的贫困户，在村里都能找到工作。”韦店集村支书杜爱华自信地说，“一天在扶贫车间或者种植基地打工，少说也能挣到八九十块钱。”

发挥优势，利用资源，韦店集村围绕村内河道发展经济，积极打造“十里画廊”生态产业园，先后流转了3000亩土地，吸收村民以苗木、土地、河滩等资产入股，并参与分红；治理了10公里河道，栽培各类观赏苗木50万株（棵），目前已拉动周边村1500多人就业；同时，河道上的光伏发电站已并网发电，年发电量38万度以上，年收益12万元以上，全村建档立卡的89户贫困户每年每户可分红1200元。

地处黄淮海平原的虞城是传统的农业大县，农业产业在脱贫攻坚进程中也发挥着不可替代的作用。在唐楼村头，远远地望去，一排十几栋日光温室大棚煞是壮观，当走进大棚内，村民李振平赶忙停下手中的活计，来招呼记者。

李振平是唐楼村建档立卡的贫困户，2013 年因外出务工致腿部残疾，为了看病他不仅花光了家里的积蓄，还欠下了一屁股的债，同时两个正在上学的孩子更是加重了家庭的负担。2015 年，天性好强的李振平在身体慢慢恢复后，有了种植大棚草莓的打算。当村干部知道李振平的想法后，就积极去协调让他承包村里的扶贫大棚。

最初，李振平种了两棚草莓，随着草莓市场行情的好转，以及掌握了草莓的种植经验，2019 年他扩大了种植规模，目前已发展了 6 栋大棚。“村里建了这些大棚，真是好到我了！政府帮我脱了贫，我也要主动为政府分忧，今年随着种植规模的扩大，开始让村里的贫困户来我的大棚内打零工，带着他们共同增收。”靠着双手自力更生，又实现脱贫致富的李振平说着脸上堆满了笑容。

围绕农业优势，虞城县还积极扩大名特优蔬菜生产规模，发展速生绿叶菜类和精细菜类蔬菜生产，完善了蔬菜冷链物流网络，通过土地流转、企业用工等先后带动了 6000 人脱贫。同时，重点发展蛋鸡、肉鸡、肉鸭养殖等，禽类存栏突破 100 万只，带动了 5000 多贫困人口增收。

扶贫与治村相结合　实现乡村的全面振兴

自 2016 年初，郭土楼村开始打造集生态种植、特色养殖、地方特产等为一体的生态休闲游，来带动贫困户走向致富之路。如今，全村种植了 400 多亩竹林，打造成了豫东大竹海，建立了多处池塘景观、竹门楼、竹长廊、竹藤架、民宿房等，每到节假日就吸引不少城里人前来游玩。“人来了，也带动了村里的经济发展。暑假期间，我们安排了 3 户贫困户在村里卖冷饮，每家收入都在 1 万元以上。”郭土楼村副主任杨献礼说。

“我们先以杨善庙村民组为试点，以点带动全村搞竹海旅游，让村民以地入股参与项目的开发，然后再将全村 127 户贫困户纳入其中，有劳动能力的贫困户可以以劳资费用参股，无劳动能力的贫困户以政府帮扶的到户增收资金参股。”杨新文介绍，全村有 95% 以上的农户愿意以地产入股，有近 40 人愿意以资金参股，全村贫困户对此都表示支持，在项目建设中还带动几十名贫困户就业，每月收入近 2000 元。很多人已经从中得了实惠、看到了希望，目前全村人个个都干劲十足。

让杨新文高兴的还有村里一直流传着“积德行善”的传统，这也加快了乡村治理的进程。目前，郭土楼村已建起以孝治家大食堂，村里所有 80 岁以上的老人每天中午可到大食堂内免费吃饭，70 岁以上的老人每周五中午聚餐，让老人聚在一起聊聊天，给村庄治理提提意见。杨新文指着大食堂外的捐款名单说：“大食堂的经费是在外打工的村民和前来村里游玩的游客捐的，还有很多村民自发为大食堂服务。”

虞城县 146 个贫困村都建起了产业扶贫车间，使村民在家门口就能务工就业

55 岁的村民谢玉真即是每天为大食堂服务的一员。2014 年，谢玉真的丈夫去世，原本不富裕的家庭因缺少劳力致贫。为帮助谢玉真脱贫，当年村里就帮她牵线到外地去打工了。“短短一年间，我去浙江采茶叶，去山东套苹果袋，去甘肃摘枸杞，去新疆拾棉花，年收入 2 万多元，当年就脱了贫。”谢玉真说。因干事踏实、工作积极，脱贫之后，她又积极申请并加入了中国共产党。

如今，谢玉真已是村里义务志愿者协会的组长，他除了在村里打些零工以外，每天都到大食堂内帮忙打扫卫生，择菜做饭。村里 90 岁的村民杨留生，因岁数大不能到大食堂去吃饭，谢玉真就把做好的馍、菜、汤给他送到家里。杨留生感激地说：“妮，你真好！”谢玉真则回答：“爷，是国家的政策好，你这是享共产党的福了！”

湖南省妇联：扶贫车间让妈妈回家

刘　剑

“没想到厂里福利这么好，工作也有干劲了，脱贫也有信心了。”2019年4月25日，湖南隆回县山界回族乡架枧村妇女马均花高兴地说。在扶贫车间里，村里的妈妈们在加工婴儿用品和衣物。在省妇联“让妈妈回家”活动的助力下，架枧村的20多名妈妈在家门口实现了就业。

架枧村是一个回族村，共有359户、1498人。村子尽管与县城仅相距8.5公里，但因地势崎岖缺水少地，成了国家级贫困村。

2018年，湖南省妇联驻村扶贫工作队来到架枧村，经过修路、帮村民参股养殖业等多方努力，全村未脱贫人数逐渐减少。

村党支部书记黄明权说，针对村中有近200名留守儿童的实际，为了让这些孩子的妈妈能够在家门口就业，既照顾家庭，又改善生活，省妇联、省女企业家协会和省妇女儿童基金会筹资约100万元捐建了扶贫车间，帮妈妈们“温暖就业”。现在扶贫车间厂房正在建设中，业务已经借用村部会议室先行开张了。

黄明权介绍，由省妇联牵头，采取“公司+扶贫车间”的模式，架枧村与湖南凯特密欧有限公司合作，承接制衣加工订单。从2018年11月开始试运营，已吸纳20多名留守妇女就业，其中贫困户8人。扶贫车间以工代训进行技能培训，目前，已进行四批订单生产，平均工资2000元左右，架枧村妇女姐妹们实现了在家门口就业。

罗爱此前一直在广东打工，两个小孩则留在老家上学，一个上三年级，一个上二年级，都由婆婆照看。但是，婆婆身体一直不好，这让罗爱和丈夫在外边也是牵肠挂肚。2018 年 8 月，听说村里要建扶贫车间，她就立马回来了，“既可照顾孩子和婆婆，又能赚钱，这才是我理想的生活”。

新厂房 2019 年 7 月完工，还能为村里增加 30 个工位，每个月的订单价值将达 10 万元。

马均花以前和儿子儿媳一直在广东制衣厂工作，儿媳于 2014 年患上骨癌，折腾了 4 年，花费了 60 多万还是不幸离世，他们家成了建档立卡贫困户。为了照顾 80 岁的母亲和才 8 岁的孙儿，她和儿子返回家乡，进入扶贫车间上班。

44 岁的村民马建英体弱多病，患胆结石多年，干不了重体力活儿，在家带着两个小孩，丈夫在外打工。17 岁的大儿子上了职业高中后也辍学打工，以贴补家用。扶贫车间给了马建英更多的自信和希望，“我以前从没想过自己还能拿工资”。

据了解，目前扶贫车间已经接了两个大的订单，一个是婴儿用品订单，一个是成人裤子订单。马建英和姐妹们从零开始接受培训后，已能够胜任工作。

扶贫小车间　脱贫“梦工厂”

祝有慧　文道懿

在那利易地扶贫搬迁安置点一个就业扶贫车间，工人检查产品质量

在广西凌云县的各个扶贫车间里，有许多忙碌的工人，她们大多数都来自该县 16 个易地扶贫搬迁安置点的贫困户，但这里不同以往的严肃，这里有许多欢声笑语，这些车间不仅让他们足不出县就能在家门口“上班”，能照顾一家老小的同时还实现了稳定就业，正式成为“上班族”，成功融入“小区”城里人的生活。

2018 年搬进镇洪易地扶贫搬迁安置点新房的加尤镇央里村贫困户王丰爱，其爱人陈美玲就在小区旁边的鞋厂上班，他自己也在县城做起了小工头，每月固定收入都有 5000 余元。谈起扶贫车间，一直滔滔不绝。“以前做梦都不敢想在县城有套自己的房！感谢党和政府的好政策！如今每个月收入增加了几倍，生活好了，我们也真正融入了城市生活。”

在宏顺电子厂上班的贫困户左雪琴说，以前只能在家依靠种植维生，看天吃饭，现在在电子厂上班，不仅能为家里挣钱，现在还慢慢学习到了很多知识和技能。谈到收入，左雪琴所在的电子厂是计件发工资的，目前还是新手的她每个月能有 2000 元左右。“接下来，我要尽快做到熟练操作，有空的时候多加班，争取月工资能拿到 2500 元到 3000 元！”

今年 28 岁的陈美仙是泗城镇洋妹村的贫困户，丈夫前两年在干活儿的时候不慎摔伤了腰，现在干不了重活儿，家里又有两个小孩在上小学，上有老下有小，无法外出务工的陈美仙便到家门口的扶贫车间上班。“每个月有 2000 多块钱的收入，又能照顾家庭，虽然电子厂不大，但是它给了我们新生活的希望，只要勤劳肯干，就会有收入，就能早日脱贫，感谢党和政府的好政策！”陈美仙说。

宏顺电子厂经理冯廷禹告诉笔者，原来在广东打工的他接到订单后便带着积蓄回到凌云开办电子厂，为家乡脱贫摘帽贡献自己的力量。目前刚开始创业，虽然工人工资还不高，但是能帮助贫困户增加收入，为此感到很自豪！冯廷禹表示，接下来会不断扩大规模，把更多的贫困户劳动力招进来，把扶贫车间打造成为脱贫的大舞台。

在凌云县到逻楼镇农贸市场安置点附近的田间地头，百香果种植园、园平食用菌种植农民专业合作社等扶贫车间纷纷点亮了贫困户致富奔小康的新希望。

据弄桃浩凯种养农民专业合作社负责人郑小明介绍，基地共有 65 个工人，其中贫困户 21 个，已经脱贫摘帽的 17 个。

在加尤镇央里村弄桃浩凯种养农民专业合作社，映入眼帘的是一片繁忙的景象，几十个工人正在果地里搭线、摘果、修枝，忙得不可开交。据了解，该合作社占地200亩左右，主要种植的果树有百香果、葡萄、八月瓜、黑老虎、桑葚、草莓等，一年可获利70万左右。

央里村贫困户万树英告诉笔者，为了照顾家里的老人小孩，他每天到合作社上班，每个月有1800元收入，平时农忙时节还能管好自家生产。和万树英一样，同村贫困户陈发猛也在扶贫车间上班。他说："平时农忙的时候先把自己家的几亩地种完，然后再到合作社上班，一天工作8小时，收入100元。现在有活儿干了，生活充实了，钱袋子也鼓了！"

凌云县紧紧围绕"搬得出、住得下、能致富"的目标，在全县各个易地扶贫搬迁安置点加大扶贫车间建设力度。该县紧扣"就业脱贫"，采取"企业+扶贫车间+贫困户"的就业扶贫新模式，出台各种优惠政策，积极鼓励企业到各个安置点设置加工点，帮助搬迁安置点搬迁户以及贫困家庭劳动力就地就近就业。他们还对扶贫车间吸纳的建档立卡贫困劳动力全部进行了"传、帮、带"实地培训，有效地促进了建档立卡贫困劳动力对技术的掌握，也进一步提高了扶贫车间的生产效率，助推了全县脱贫摘帽进程。

“两场同建”开辟脱贫新途径

程鸿飞　姚晓楠　李　博

山东省临清市坚持把乡村振兴与扶贫开发一体谋划、同步推进，科学实施规模农场、就业工场“两场同建”，在推进乡村振兴中建立长效脱贫机制，开创了贫困群众就近就业扶贫新模式，有力地提升了贫困村的自我发展能力、贫困群众增收脱贫的内生动力。全市贫困人口全部脱贫，享受政策的贫困群众 27035 人。

临清先锋农产品专业合作社工作人员正在对桑叶面进行分装

规模农场释放农村劳动力

“以往普通传统玉米种植收益一亩也就1000块钱，现在除去农药、采摘、化肥及存贮这些费用，每茬黏玉米的亩均毛利可达4000块钱，承包的农户也能达到每亩2000块钱的收益。普通传统玉米一年只能种一茬，现在黏玉米一年可以种两茬。除了农场外，我们还发展周边农户种植黏玉米，现在已经辐射带动周边200多户农户，种植面积达到3000多亩。”临清市悦涛家庭农场张守堂介绍。

临清市探索出以培育新型农业经营主体为抓手，引导农村土地规模有序流转，发展形式灵活的“规模农场”模式，培育壮大特色产业，让农民群众从传统的“小麦—玉米”轮耕劳作中解放出来，实现多方面就业。同时，积极引导工商资金投入农业，用足用活各项扶持政策，规模流转农户土地，建设现代高效农业项目，发展现代农业。临清市刘垓子镇推动“果蔬、园林+旅游业”深度融合，建设以姜庄村为主体，辐射吕堂等村的带状旅游休闲集聚区。土地流转后，农户即享受亩均流转资金1000元左右的租金，还可以利用闲余时间到就近项目区或产业工厂务工，多渠道增加就业收入。

就业工场吸纳剩余劳动力

针对土地流转后腾出的劳动力、无法外出就业的贫困群众等群体，临清市积极引导劳动密集型企业在贫困村或偏远村建立“扶贫就业工场”，吸引群众就近就业，形成“就业一人、巩固一户、带动一片”效应，有效打好脱贫攻坚、巩固提升“组合拳”。

“因为是计件算工费，我有时间就来加工手套，有时候白天来，有时候晚上收拾完家里的事再来，既不耽误接送孩子，也不耽误种地，这样的活儿俺们都愿意干。”临清市戴湾镇景庄村的贫困户刘淑敏通过家门口就业，加上粮食种植收入，已经完全脱贫。现在通过加工手套，每个月收入都在1600—1700元。临清华星皮革公司是一家劳保手套生产加工企业，产品远销欧洲地区，随着订单量的增加，企业遇到了“用工荒”。临清市因势利导，鼓励华星皮革公司在周边镇、村设立了16个加工点，按照“1+N”管理模式运作，既使企业扩大了生产规模，又带动了贫困户就近就业。其中在戴湾镇景庄村设立的加工点，带动景庄村及周边30余人在家门口实现就业，人均月增收1800元左右。

临清市不仅从细微处着手解决企业劳动力难题，同时，2018年在利用扶贫资金建设的22个产业扶贫项目的基础上，2019年又利用扶贫资金5000余万元，建设扶贫厂房租赁、蔬菜温室大棚等7个扶贫项目，带动全市贫困户增收。

松林家居文化产业园内的标准化扶贫厂房，已安置贫困户80余人直接参与就业，解决了扶贫资金不安全、收益难保障问题。同时，对有技术没资金的群众，在产业园从事家具生产、技术指导；对没技术没资金、有劳动力的贫困群众，到产业园挣取务工性收入；对没技术没资金没劳动力的贫困群众，通过扶贫厂房租赁费分配收益，实现增收脱贫，真正从多个层面将群众纳入扶贫项目产业链条。

规模农场携手就业工场带农增收

“你看我们这些以桑树为基础的农产品，种类可多着呢。”顺着临清市先锋农产品专业合作社理事长王荣祥手指的方向，桑葚果干、桑葚酒、桑叶面、抹茶粉、桑叶茶……81种品类繁多、包装精美的桑果产品整齐有序地排列在商品陈列架上。临清市先锋农产品专业合作社从5月份的桑果采摘到桑叶、桑果的深加工，又挖掘出名贵药材桑黄产品的研制，将桑树全身变成“宝”。在王荣祥的带领下，先锋农产品专业合作社年产值从2016年的400万元发展到目前的6000多万元。为了帮助更多的贫困户和普通农户增收致富，先锋农业合作社实行“政府+合作社+贫困户+电商”的运作模式，以政府为引导，合作社带领贫困户探索增收模式。

临清市先锋路街道宋祥勇由于父亲身患癌症，高额的医疗费、子女上学费用压得50岁的他喘不过气来。“得知我的情况，村里推荐我来先锋农业专业合作社帮助送货、拉桑叶，又帮助我妻子办起了销售合作社产品的小卖部，家庭一年的收入达4万元，当年就实现了脱贫。”宋祥勇说。先锋农产品专业合作社帮扶的贫困户，目前共有60户。如何带领更多的人增收致富，王荣祥不再仅仅局限于种销模式，他打算带领合作社建立集旅游观光、休闲品茶、椹果采摘、养生度假等功能于一体的桑园，进一步提高村民收入。

从种植到加工，从初加工到深加工，临清市积极引导规模农场将种、养、加、销各个环节纳入产业链条，通过发展规模种植、规模养殖、农产品加工销售，实现一二三产业融合发展，真正实现规模农场联手就业工场，探索出更多的扶贫增收新路径。

政府搭好台　企业唱好戏

——贵州松桃实现从“黔驴技穷”到“黔驴‘济’穷”

郭少雅

贵州省松桃县贫困户从养殖基地拿到了分红

地处武陵山区边缘的松桃县，全力打造了一个拥有8000多亩草场的“黔东草海”，引进了该县历史上第一个毛驴养殖基地。从“黔驴技穷”到黔驴“济”穷，驴产业托载起当地群众脱贫奔小康的希望。

“黔无驴，有好事者船载以入。至则无可用，放之山下。虎见之，庞然大物也，以为神，蔽林间窥之。稍出近之，慭慭然，莫相知。”

唐代柳宗元的《三戒·黔之驴》中，一头驴竟然吓到了老虎，全因贵州自古无驴。可近日，记者却在贵州省松桃苗族自治县（以下简称“松桃县”）见识到了“黔之驴”的新魅力。

梵净山东麓，松桃县盘石镇的“黔东草海”上，芳草遍布，数百头毛皮黑亮的毛驴徜徉其间，或吃草，或嘶鸣。“这是盘石镇的‘黔有驴’生态养殖基地，也是松桃县近几年引进的扶贫产业。”松桃县政府相关负责人告诉记者。

自古无驴的贵州不仅有了养驴基地，驴产业还托载起了当地群众脱贫奔小康的希望。从“黔驴技穷”到黔驴“济”穷，松桃县驴产业的基础何来，市场前景如何，带动脱贫能力怎样？记者带着一系列的问题，深入基地，一探究竟。

深挖资源禀赋　政府为小毛驴搭起好平台

地处武陵山区边缘的松桃县，75 万人口中以苗族为主体的少数民族人口占到了 68.1%，是名副其实的苗乡，2014 年建档立卡贫困户 15.87 万人，贫困发生率一度高达 26%。位于松桃县东北部的盘石镇更是由于地处偏远、平均海拔较高、耕地分散，被列为贵州省 100 个一类贫困乡镇之一。如何在立地条件极为困难的条件下找到适合当地发展的产业，一度成为让松桃县政府困扰的事情。

耕地不足但林草资源丰富、家底儿薄但生态环境良好。面对杂草丛生、石漠化严重的 3 万亩林地资源，2009 年，松桃县整合石漠化、国土整治等涉农项目资金 5600 万元，全力打造了一个拥有 8000 多亩草场的“黔东草海”，形成了集饲草种植、畜禽养殖和生态旅游多功能于一体的生态循环农业。

“山高路远”的劣势被扭转为“青山绿水”的优势，目前，黔东草海上，放牧肉牛 5000 多头、羊 5000 多只、肉猪 1000 多头、兔 5 万多只、特种家禽 2 万多羽。大地是绿的，草食动物走在哪里都像给无边的绿毯绣上了各色的花朵。天苍苍、山茫茫，风吹草低见牛羊的美丽景色吸引了众多游客前来观光旅游。

专注于发展驴产业的贵州鼎旺实业有限公司就是在这个时候被黔

东草海良好的生态环境和充沛的饲草供应吸引来的。2015 年，松桃县引进了该县历史上第一个毛驴养殖基地。

在从来没有毛驴规模化养殖基础的贵州养驴，还要发展成万头毛驴基地，成为当地带动群众脱贫奔小康的产业，是不是有点异想天开？产业投资方贵州鼎旺实业有限公司董事长陈秀梅告诉记者：“生态环境良好，饲草资源充足，是毛驴养殖的关键基础。这片秀美洁净的草场就是‘黔有驴’最好的品质背书。”产业引进方松桃县政府也经过了深思熟虑：“毛驴养殖技术门槛低，适合山地养殖、分散养殖，如果贫困群众能够参与进来，将会是一项不错的富民产业。”刘攀说。

大胆创新，小心实践，“黔有驴”就这样在黔东草海上安下了家。与历史不同的是，这一次的“黔驴”不再“技穷”，而是要成为助农增收的好产业。

拓展产业链　企业让小毛驴唱出一台好戏

陈秀梅是位“80 后”，4 年前到松桃县开辟毛驴养殖基地时，她没想到自己会遇到那么多的困难。惯于在干旱地区生长的毛驴来到贵州，适应不了湿润的气候，大批掉毛；位于海拔 1200 米的养殖基地到了冬天就成了山顶上的“孤岛”，车子在盘山路间一路打滑，人上山都难，要把毛驴运出山几乎成了不可能完成的任务。

但也有好消息，在科研团队的攻关下，平均受孕率只有 70% 的毛驴在松桃县达到了 80%，天然饲草养殖使得基地毛驴的各方面品质上乘。在规模养殖的第三个年头，黔东草海上的小毛驴打开了市场——基地原料专供的驴宴火锅、“黔有驴”粉店开到了各大省会城市，国内最大的阿胶生产商与基地达成合作，基地出栏的肉驴和驴皮将获得稳定的收购，驴肉通过精深加工，正在打造“黔有驴”绿色优质驴肉食品品牌。

“毛驴的附加值还不止于此。”基地负责人陈汝芳说，“驴骨、驴血都是重要的药材原料，驴奶粉目前在国际市场上的价格是400万元一吨，就连驴粪都是上好的有机肥原料，每天工人清扫完驴舍，驴粪便马上被买家‘抢’走了。”

强劲的产业发展势头让小毛驴有了带领当地群众脱贫致富的“后劲儿”，流转土地、务工就业，土地和扶贫资金入股，目前已经有113户村民从养殖基地拿到了分红。“每年分红1600元，再加上每个月的务工收入2400多元，基地进入我们乡的当年，我全家就脱了贫。”盘石镇桃谷坪村村民田老兰告诉记者。

共享发展成果　乡亲们让“黔有驴”真正扎根

“仅仅一个基地，不能算贵州真的有了驴产业。我们需要当地群众一起参与来养驴，让乡亲们都能受惠的产业，才能有生命力。”陈秀梅说。

经过前期的科研攻关和生物适应性实践，“黔有驴”养殖基地已经摸索出了一整套如何在当地进行毛驴养殖的标准化流程。下一步的任务，是落实“公司 + 合作社 + 农户”养殖模式，做大养殖规模，为接下来的二、三产业融合发展打基础。并定下未来五年发展战略计划，成立了贵州黔有驴生物科技发展股份有限公司具体负责实施，计划在松桃县联合发展50个专业养殖合作社，每个合作社年代养毛驴200—300头。

“每15个贫困群众成立一个合作社，代养200头驴，育肥周期为8个月，公司提供驴苗、草料和防疫服务，每头驴的代育肥纯收入约为1200元，平均每户农户可以通过养驴年收入1.6万元。单单这一项收入就可以保证一户贫困家庭脱贫奔小康。这还不包括他们在养殖之余打工、流转土地、繁殖驴驹等收入。”陈秀梅算了一笔“保守账”。

“这几年的探索，让我们看到，对于贫困群众而言，一头驴就是一个小银行。”松桃县委相关负责人说，“下一步我们会由松桃扶贫开发投资（集团）有限公司统筹资金，帮助村集体与养殖基地进行合作，以驴产业壮大集体经济，让‘黔有驴’真正在这片土地上扎下根，成为‘济农’产业。”

为留守群体搭建就业平台

——陕西勉县推进扶贫车间建设见闻

肖力伟　胡明宝　梁袁华

在陕西省勉县利平手工合作社扶贫车间内，61 岁的段金莲十指翻飞，很快就做成了一只漂亮的鞋面。“以前外出干活儿，年纪大没人要，现在在家门口每个月都能挣到 2000 元，真好。”段金莲说。

近年来，勉县针对部分贫困群众无法离乡、无业可扶、无力脱贫的“三难”问题，大力建设扶贫车间，帮助贫困群众就近就业。

扶贫车间破解就业难

勉县是国家级贫困县，自 2016 年起，勉县帮助 4337 户建档立卡贫困户，通过易地扶贫搬迁搬出大山。但由于部分搬迁群众文化程度低、需照顾家庭等，他们面临着就业难题。

针对这一情况，勉县按照“政府引导、资金撬动、政策支持、互惠共赢”的思路，在贫困村、易地搬迁安置点建立扶贫车间，探索出一条“送岗上门、就近就业，集体建厂（车间）、企业运营”的脱贫新路径。

勉县采取多种方式建立扶贫车间。充分利用易地搬迁安置点闲置门面房、集体资产新建或改建扶贫车间，鼓励外出务工人员和勉县籍商人回乡创办扶贫车间，招商引资引进优质企业创办扶贫车间。以

“三变”改革为核心，按照“产业基地（合作社）+扶贫车间+农户”的模式，将产业基地（合作社）变成扶贫车间，用产业引导资金入股，优先吸纳贫困劳动力参股入社、务工增收。

为了建好扶贫车间，勉县成立78个扶贫车间管理领导小组，组织41名行业专家骨干成立创业指导专家团队，提供有关技术、经验、政策等方面的咨询和指导服务。

创业带动就业新平台

在勉县新铺镇“誉诚电子”扶贫车间内，29岁的鲁红丽和丈夫正在制订下一个月的生产计划。“产品销路不错，几乎每天都满负荷运转。”鲁红丽说。

鲁红丽是勉县新铺镇青羊驿村人，早些年和丈夫在深圳办了家电子组装厂。随着深圳的房租、人力成本逐年上涨，生意越来越艰难，

勉县扶贫车间员工在整理成衣，准备包装

几乎没有利润。

2013 年，鲁红丽和丈夫回乡创办了誉诚电子组装厂。县上为她减免了部分房租，还帮助解决招工、培训等问题，该厂逐渐发展成为劳动密集型扶贫车间。现如今，鲁红丽已经在 4 个贫困村建了扶贫车间，吸纳了 150 余名贫困群众就业。

勉县出台多重激励保障措施，积极扶持鲁红丽这样的企业家创办扶贫车间。比如，新建扶贫车间一次性给予 5—10 万元补助；就业困难人员承租扶贫车间，可提供 5—10 万元的担保贷款，最高达 200 万元。仅 2018 年，勉县就筹集专项奖补资金 300 余万元，推进扶贫车间建设。

勉县还实施“培训赋能促进就业”工程，让贫困群众练就一技之长。2018 年以来，全县累计完成就业扶贫培训 15692 人，其中贫困劳动力 5298 人。

贫困群众有了体面收入

在勉县恒源祥家纺中坝社区扶贫车间内，36 岁的贫困群众杨红英在加工被套。在车间对面的“工人之家”内，她 8 岁的女儿正在认真地写作业。

这家扶贫车间是勉县紧抓苏陕协作扶贫契机，于 2017 年引进的劳动密集型项目。占地 300 平方米，安装缝纫机 30 台，主要从事床上用品加工及制作，吸纳了 26 名群众就业。

杨红英进入了扶贫车间工作。工作易学易会，而且采取计件生产，时间灵活，还可以带回家加工。在家门口就轻松挣到钱，这让她非常高兴。

“有活儿干挣了钱，日子宽松了，底气也足了，精神也好了。”杨红英说，在家门口上班，让她感到“生活有奔头了”。

汉中市政协相关负责人认为，扶贫车间建在村头，释放农村人力资源红利，为易地搬迁贫困群众、留守妇女等群体搭建了就业平台，让他们在家门口实现就近就业，有力地激发了贫困群众脱贫致富的信心和活力，更赋予了贫困家庭创造美好生活的新希望。

公益岗位篇

人社部：“六个一批”促进农民工就业

刘　强

2020年2月28日，国务院联防联控机制举行新闻发布会，介绍鼓励企业吸纳农民工、高校毕业生就业相关政策和有关情况。人力资源和社会保障部相关负责人说，总体看，因为农民工就业一线普工多、灵活就业多，所以受疫情影响更为直接。人社部在做好疫情防控的前提下，主要通过“六个一批”来促进农民工就业。

“六个一批”指：一是支持返岗复工一批。建立“点对点、一站式”服务通道，通过专车专列、包车厢等方式，成规模、成批次组织低风险地区的农民工尽快返岗复工。二是帮助招聘录用一批。持续开展线上招聘活动，大力推行网上面试、视频招聘，组织开展定向劳务协作，帮助企业新招录一批农民工。三是动员投身农业解决一批。引导返乡农民工就地参加春耕备耕、参与农业基础设施建设、到新型农业经营主体就业。四是鼓励重大项目吸纳一批。深入挖掘当地重大工程、重大项目的用工潜力，鼓励优先吸纳本地农民工和贫困劳动力就业。五是扶持创业带动一批。为懂技术、懂市场的农民工提供线上创业培训、创业服务和资金支持，鼓励农民工创业。六是开发公岗安置一批。对暂时无法外出、生活困难的农民工，开发一批环卫保洁、防疫消杀等临时性的公益性岗位托底安置，保障他们的基本生活。

这位负责人介绍，2019年全国共有2000多万贫困劳动力外出务工，其中有4成是跨省务工。突发的新冠肺炎疫情，给我国经济带来冲击，对就业产生影响，自然也波及了贫困劳动力就业。近期，人社部会同国务院扶贫办加大就业扶贫的政策支持力度，围绕“五个优先”“两个重点”来发力。

“五个优先”指：一是优先复工。积极推动带贫效果显著的扶贫龙头企业、扶贫车间、合作社等经营主体优先复工复产，带动贫困劳动力就业增收。二是优先外出。将贫困劳动力作为有组织劳务输出的优先保障对象，做好人员组织、交通运输、安全防疫等工作，实现“点对点、一站式”集中运送到岗。三是优先吸纳。鼓励防疫物资、生活必需品生产相关重点企业，以及各类涉农经营主体优先吸纳贫困劳动力，落实好各项补贴政策。四是优先安置。开发一批防疫相关临时性的公益性岗位，对受疫情影响无法离乡、无业可扶、无力脱贫的贫困劳动力予以托底安置。五是优先服务。将贫困劳动力作为线上春风行动的重点服务对象，加强关心关爱，实施“一对一”帮扶。免费开展线上培训，提升贫困劳动力的技能水平。

“两个重点”指：一是对“三区三州”等深度贫困地区，政策资金要倾斜，岗位投放更密集，劳务输出更有序。二是对湖北等疫情严重地区，更加注重关心关怀，在资金、政策和保障上给予照顾。

全力以赴帮助贫困劳动力就业增收

李球璐

促进贫困人口就业增收，一直是打赢脱贫攻坚战的重要内容。一人就业、全家脱贫，增加就业是最有效最直接的脱贫方式，长期坚持还可以有效解决贫困代际传递问题。据了解，截至 2019 年 5 月底，人力资源和社会保障部已累计帮扶 1036 万贫困劳动力实现就业。

全国就业扶贫工作有序推进

在全面总结劳务协作试点和各地实践的基础上，人社部确定了就业扶贫要坚持鼓励就地就近就业和推动劳务输出并重的总思路，形成了发展扶贫车间吸纳、支持返乡创业带动、开展有组织劳务输出、开发公益性岗位安置的促进贫困劳动力增收的 4 条渠道，并与国务院扶贫办定期共享贫困劳动力实名制信息，开发建设农村贫困劳动力就业信息平台并分解下达，支持各地开展精准识别、精准服务。

在就业援助月、“春风行动”等专项服务活动中将贫困劳动力作为重点服务对象；在全国助残日、全国扶贫日组织开展专项活动，集中为建档立卡贫困劳动力送服务。建立工作考核机制，配合国务院扶贫办将劳务协作纳入东西部扶贫协作考核内容。建立资金保障机制，协调财政部将就业扶贫任务和成效纳入中央财政就业补助资金分配因素，并向“三区三州”深度贫困地区针对性下达。

在促进就地就近就业方面，创新设立扶贫车间、就业驿站、社区工厂、卫星工厂等就业创业新载体；在引导外出就业方面，探索省内劳务协作、重大项目与贫困县结对子等劳务协作新渠道；在托底安置方面，开发助残员、护理员、护林员等各类就业扶贫公益性岗位；在就业服务方面，探索开展远程招聘、定向共享岗位信息等多种服务手段。同时，遴选了一批就业扶贫基地，动员各类用人主体积极参与就业扶贫；征集并推广一批劳务品牌，以品牌促对接，带动有组织劳务输出。

多举措完善就业扶贫政策体系

贫困劳动力是劳动力中的弱势群体，人社部对贫困劳动力本人、各类市场主体、就业服务机构都有更加优惠的政策。与普通劳动者相比，贫困劳动力就业创业可享受的补贴项目更多，补贴标准更高。

对企业等市场主体，重点是通过政策支持，鼓励各类主体更多地吸纳贫困劳动力就业。对企业、农民专业合作社和扶贫车间等生产经营主体吸纳贫困劳动力就业并开展以工代训的，给予一定期限的职业培训补贴。对当地企业吸纳贫困劳动力就业的，参照就业困难人员给予社会保险补贴。对吸纳贫困劳动力就业数量多、成效好的就业扶贫基地，可通过就业补助资金等给予一次性资金奖补。

对贫困劳动力个人，重点是通过提供各项保障，鼓励贫困劳动力参与到就业创业或者培训活动中。对创业的贫困劳动力，给予一次性创业补贴、税费减免等。对参加职业培训的，给予生活费补贴。鼓励各地通过项目制方式，为贫困劳动力免费提供培训。对就读技工院校的建档立卡贫困家庭学生按规定免除学费、发放助学金。对到县外就业的，给予一次性求职创业补贴。对就业困难的贫困劳动力开发公益性岗位安置并给予补贴。

对中介服务机构，重点通过给予补助等形式，鼓励他们优先向贫困劳动力提供就业服务，各级公共就业服务机构针对贫困劳动力开展职业指导、专场招聘等就业服务活动的，给予就业创业服务补助，并适当提高补助标准。对人力资源服务机构、劳务经纪人等市场主体开展有组织劳务输出的，给予就业创业服务补助。

劳务协作助力精准扶贫

开展扶贫劳务协作，是提升劳务组织化程度、促进农村贫困劳动力转移就业的重要手段。据统计，2018 年，我国实现贫困劳动力有组织转移 177.6 万人（包括省内转移和省外输出），输入地共吸纳 111 万贫困劳动力在本地就业。

既要深化东西部扶贫协作、对口支援等省外协作机制，也要建立经济发展较好地市与贫困县区对口帮扶的省内协作机制。脱贫攻坚进入关键阶段，人社部继续注重扩大就业规模与提高就业质量相结合，落实政策和优化服务相结合，提高能力素质与激发内生动力相结合，聚焦“三区三州”、易地搬迁集中安置区和零就业家庭贫困劳动力，进一步夯实扶贫车间吸纳、返乡创业带动、有组织劳务输出、公益性岗位安置 4 条渠道，着力提高就业扶贫劳务组织化程度，确保完成就业扶贫目标任务，为打赢脱贫攻坚战作出应有贡献。

通过多渠道拓宽就业门路、大规模开展职业技能培训、实施属地就业服务管理等，帮扶搬迁群众尤其是搬迁建档立卡贫困劳动力就业创业，确保搬迁贫困劳动力家庭至少一人实现就业。还应适时加强与自然资源、扶贫、林业草原等部门沟通协调，统筹开发公益性岗位，既发挥好公益性岗位托底安置作用，又考虑各地的承受能力，同时注重提升贫困人员劳动积极性。

在研究制定公益性岗位管理方面，形成按需设岗、以岗聘任、在岗领补、有序退岗的开发管理机制。选取一批劳务品牌，指导贫困地区特别是“三区三州”等深度贫困地区培育劳务品牌，通过劳务品牌组织开展劳务输出。督促东西部协作省份落实劳务协议，推动中西部省份组织开展省内劳务合作，引导更多贫困劳动力外出就业。指导各地加大政策落实力度，调动劳务经纪人、人力资源服务机构等市场主体，更多地促进贫困劳动力转移就业。

同时，会同有关部门加大就业补助资金支持就业扶贫力度，特别是加强对“三区三州”等深度贫困地区的资金支持。进一步精简就业扶贫补贴政策证明材料，简化申报流程。把贫困劳动力作为全国扶贫日、助残日、民营企业招聘周、高校毕业生就业服务等专项活动重点服务对象之一，集中帮扶他们就业创业。实施创业服务提升计划，提升创业服务能力水平和创业带动就业脱贫实效。

家政服务业提质扩容助力脱贫攻坚

李琭璐

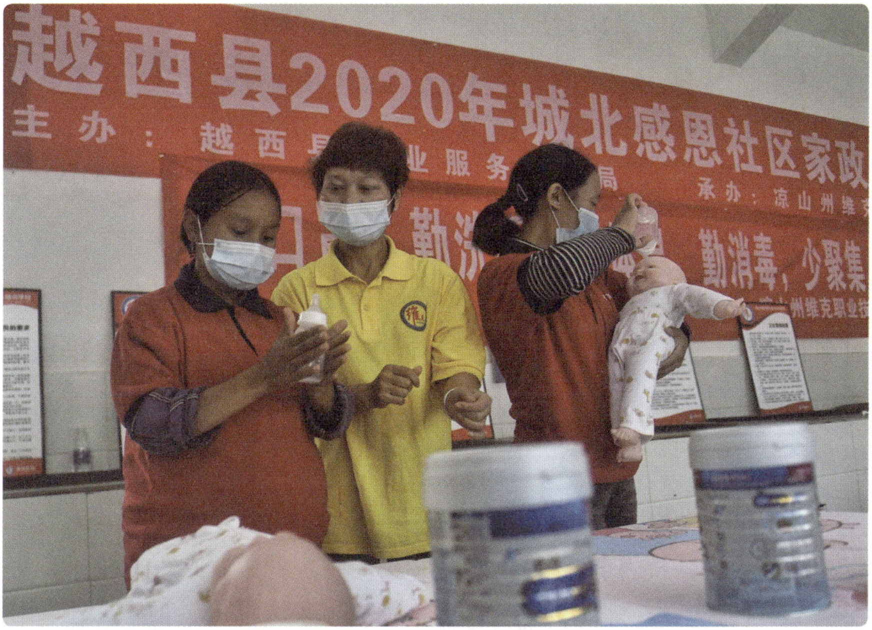

四川省凉山彝族自治州越西县城北感恩社区的妇女在接受家政服务培训

随着城乡居民收入水平不断提高，消费能力不断增强，加之新型城镇化、人口老龄化等多种因素的综合影响，家政服务需求不断提升。2018年，我国家政服务业的经营规模达到5762亿元，同比增长27.9%，从业人员总量已超过3000万人。发展家政服务业对于促进消费、改善民生、扩大就业有着十分重大的意义。

2019年6月16日，国办印发了《关于促进家政服务业提质扩容的意见》(以下简称《意见》),《意见》提出了提高家政从业人员素质、加强家政供需对接，拓展贫困地区人员就业渠道等诸多方面重点任务。

据介绍,《意见》包括36条具体政策，即“家政36条”。主要内容可归纳为“1234”，即“一个目标”“两个着力”“三个行动”“四个聚焦”。

一个目标，按照要求，促进家政服务业提质扩容。提质，通过提高家政从业人员素质、保障从业人员和消费者的合法权益、健全信用体系和标准体系等措施，提高家政服务业的供给质量。扩容，通过各种支持政策，激发更多社会力量参与，吸引更多劳动力从事家政服务，扩大有效供给，解决“找不到、买不起、用不好”等问题。

两个着力，一是着力发展员工制企业，二是着力推动家政进社区。《意见》从加大税费减免力度、完善社会保险、灵活确定工时等方面，推动家政企业转型。针对社区家政服务有效供给不足的短板，通过减税降费、租赁场地不受用房性质限制、水电等费用实行居民价格等措施，支持家政企业在社区设置服务网点，促进居民就近享有便捷服务。

三个行动，即家政培训提升行动、“领跑者”行动和信用建设专项行动。家政培训提升行动，着眼于提升从业人员素质来提高家政服务质量；“领跑者”行动通过综合措施，培育示范企业，形成家政服务知名品牌；信用建设专项行动，重点是推进家政企业、服务人员及消费者全面健全信用记录，广泛开展守信联合激励和失信联合惩戒，做到“无信用，不上岗”。

四个聚焦，即聚焦降低成本、培养人才、完善保障和强化监管。《意见》提出建立健全标准体系、推广使用合同示范文本、建立家政从业人员持证上门制度、实行从业人员职业背景信息验证核查、家政行业协会完善行业规范等方式，推动行业规范有序健康发展。

目前，我国已经形成了许多巾帼家政品牌。如以安置下岗失业人员、农民工等困难群体实现就业的家政服务机构山东“阳光大姐”已累计培训 30.6 万人，安置就业 202 万人次，服务家庭 195 万户，并在济南 10 个区县开展扶贫培训，建立起 30 多个“家政专业村、镇”，助推农村贫困妇女脱贫致富。这一举措成效显著，深受农民欢迎，农村妇女们足不出户就能学到家政服务技能，越来越多的贫困妇女掌握了家政技能，获得了稳定收入。

全国妇联相关负责人表示，《意见》出台后，全国妇联也与国家多部委共同实施家政服务业提质扩容“领跑者”行动，鼓励支持山东“阳光大姐”、江苏“好苏嫂”、安徽“皖嫂”等一批巾帼家政的龙头企业，在开展培训、完善服务标准、提高服务质量、加强信用信息建设、加强行业自律等方面形成示范引领效应。

用自己的劳动获得光伏收益

——河北省怀安县推行公益岗位差异化、网格化管理见闻

姚　媛

走进河北省张家口市怀安县第三堡乡少钦大同村，已经硬化的村道上，每个角落都打扫得干干净净，连一张废纸都看不到。随便走进一户村民的家，院落、家里都收拾得整齐洁净。村民邢秉河家里，右边院墙下种着一排艳丽的花朵，院子中搭了个架子种上了番茄，红通通的番茄挂在绿叶间，正门的院墙上，是邢秉和自己书写的“福”字，两边写着“全家笑盈盈”“家和万事兴”，老两口在门口热情地迎接着来客。

很难想到，这样一个村容户貌干净整洁、村民精神面貌积极向上的村庄，是一个2018年才脱贫的建档立卡贫困村。

这要从怀安县整合涉农资金，大力发展光伏产业扶贫说起。全县11个乡镇115个村建起了村级光伏电站，已于2018年全部建成、并网发电。

“一开始，光伏扶贫的收益是直接分配给贫困户的，可这种‘大锅饭’的做法，容易滋生贫困户‘等、靠、要’的心态。2019年4月，我们探索设立公益岗位，实行差异化、网格化管理，让贫困户依靠自己的劳动获得收入，真正激发他们的内生动力。”第三堡乡党委书记武进说。

村级光伏电站的净收益，60% 由怀安县统筹，全部用于贫困村的建档立卡贫困户公益岗位和生活补助；40% 归村集体，用于对无劳动能力的贫困户进行生活补助、支付土地租金、发展小型公益事业等。

“差异化管理”是指贫困户的收入，与公益岗位的类别、劳动考核结果直接挂钩。怀安县因村制宜、因事设岗，设置了卫生保洁员、防火护林员、护路养路员和光伏电站管理员四类公益岗位共 1.1 万多个，实现有劳动能力贫困人口就业全覆盖。不同的公益岗位，基本工资和绩效工资也不同。以卫生保洁员为例，每月的基础工资为 200 元，绩效工资为 100 元，而防火护林员劳动强度相对较小，每月的基本工资为 150 元。

“网格化管理”是指对每个公益岗位划定责任片区，相关责任到人，由包村乡干部、驻村干部、村干部和公益岗位监督小组，综合出勤情况、责任区卫生、贫困户家庭卫生、听从指挥四个方面共同打分，按月汇总绩效，提交到县政府，再由县政府按季度统一发放公益岗位工资。分数在 60 分以下的，要在 200 元的基础绩效里扣钱；分数在 60—69 分之间，不奖不罚；分数在 70 分以上的，才能获得相应的绩效工资；若连续 3 个月得分都在 60 分以下，该贫困户就会被取消公益岗位资格。

“公益岗位的网格化管理，是党建网格化的延伸。我们紧紧围绕‘支部抓党员，党员带群众，合力攻坚助脱贫’。以西北口村为例，全村 16 名党员，按照居住位置划分任务，联系 122 户常住农户，负责政策宣讲、调解邻里纠纷，也包括庭院卫生和公益岗位的监督检查。”武进介绍说。

少钦大同村是最初开展试点的村子。“村外收拾得干干净净，可农民家里脏乱差，也是不行的，所以我们把家庭卫生也纳入考核指标。对于无劳动能力的贫困户，生活补助发放也同贫困户个人卫生、庭院卫生、精神面貌挂钩，由驻村干部和村干部检查评定，实行每季度50—100元的奖励。”少钦大同村村书记张飞告诉记者，开展试点后很短的时间，公益岗位就呈现由罚到奖的积极转变，全村的环境卫生长效机制也建立起来了。

如今，邢秉和的老伴儿王进柏每天都要把家里收拾打扫几遍。邢秉和作为卫生保洁员，每逢周二、周五的考勤日，早晨五点就起床去责任区打扫卫生了。“现在，卫生保洁的岗位，成了我记挂在心里的一件事，不管有多忙，总要把这项工作做好。”邢秉和说。

在试点2个月后，2019年6月起，怀安县将这一做法向全县推广。怀安县县政府有关领导告诉记者，由于有效解决了公益岗位的监督管理和村庄环境清洁的问题，推广的进程很快，目前，相应的体制机制已在全县建立起来。

田林县两千多名贫困户上山“护绿”

黄艳琼　石生府

“生态保护好了，家园更美了，当上生态护林员后，全年可以领到 7000 多元工资，不仅生活上得到改善，还能为保护林木资源贡献一份自己的力量，感谢党委、政府给对我的帮助。”八桂瑶族乡谭合村贫困户王安新笑呵呵地说。

在田林县层峦叠翠、万木葱茏的大山深处，总会看到一群特殊的“绿色使者”，每天走上 10 多公里的山路在山间巡查，他们便是由建档立卡贫困户担任的“生态护林员”。

田林作为广西林业大县，现有森林资源 639.2 万亩，生态公益林 143.66 万亩，森林覆盖率 77.8%。如何才能打通脱贫致富的生态通道，实现守护绿水青山和贫困户增收的“双赢”？

田林县认真贯彻落实中央关于“利用生态补偿和生态保护工程资金使当地劳动能力的部分贫困人口转为护林员等生态保护人员”相关精神，积极落实生态护林员政策，按照“精准落地、精准到户、自愿公正、统一管理”的原则，按照程序选聘建档立卡贫困人口生态护林员，划定管护区域，签订护林劳务协议，实行年度考核。同时，组织开展生态护林员岗前培训，实行生态护林员“县建、乡管、村用”管理机制，生态护林员通过巡山护林，及时发现和遏制破坏森林资源的违法行为，有效地保护森林资源。

“自受聘为护林员来，我尽职尽责管好每一棵树，我所管护的近万亩林区内，未发生过森林火灾和破坏森林资源的行为……”乐里镇启文村贫困户李官福认真地说道。

田林县结合森林资源实际、贫困人口数量、管护面积和难度等实际情况，于 2018 年共整合上级生态扶贫资金和地方财政资金 1594 万元用于生态护林员的管护经费，惠及全县 14 个乡（镇），可实现 2193 个家庭 8500 名贫困人口的脱贫目标。据该县林业局产业扶贫办相关负责人介绍：“今年我县共聘请了 2193 名有劳动能力的建档立卡贫困户为生态护林员，人均管护面积 951 亩，既有效促进贫困人口在家门口就地转移就业，又进一步巩固森林生态建设成果，有效保护了林区林木和动植物，一举两得。”

“开启生态扶贫通道，实施建档立卡贫困人口生态护林员选聘，为有劳动能力且胜任野外巡护工作的贫困群众提供就业岗位，并通过支付管护收入实现稳定脱贫，这一举措不断充实了生态护林员队伍，同时也加快贫困群众的脱贫奔康步伐。”该县贫困村第一书记刘玉娇如是说。

“一个人脱贫不算脱贫，要大家脱贫才算脱贫。”该县在加强对生态护林员管理的同时，还对他们进行各类农业科学实用技术培训，切实提高他们的现代农业意识。通过他们的“传、帮、带”，引导广大贫困户充分利用全县 680 多万亩的林地资源优势，不断拓宽生态绿色脱贫致富之路，大力发展中草药、食用菌等林下种植和鸡、羊等林下养殖，实现稳定增收，助力乡村振兴发展。

福州市“六个起来”助脱贫

蔡茂楷

小康路上一个也不能掉队，福建省福州市把脱贫攻坚作为最大的民生工程，立足实际，摸索出了以“机制建起来、产业带起来、就业扶起来、兜底托起来、资金管起来、力量合起来”为主要内容的脱贫攻坚模式。

在“六个起来”机制带动下，全市贫困户人均收入从2016年初的2959元增加到2018年底的8665元；200个省定贫困村集体收入从2016年平均每村5.5万元增长到2018年底23万元。2018年底，永泰县退出省级扶贫开发重点县。2019年1月，闽清县退出市级扶贫开发重点县。

机制“建起来”　产业“带起来”

福州位于东南沿海，经济基础总体较好，但因为区域发展不平衡，脱贫任务一度繁重。

2017年7月，福建省委、福州市委新任领导同志调研省级扶贫开发重点县——永泰县。之后又多次研究部署脱贫攻坚工作，出主意、想办法，协调解决问题。为强化工作效率，建立由市委副书记专责抓、市政府分管领导配合的工作机制。

在实行市领导挂钩重点县、县领导包乡镇、乡镇领导包村、村

“两委”包贫困户的基础上，以贫困户为单位，建立挂钩帮扶机制。全市共选派 6417 名帮扶责任人，每户贫困户安排 2—3 名帮扶责任人。74 个有减贫任务的乡镇都配备了扶贫专干，838 个有减贫任务的村都配备了扶贫协管员。

脱贫需要产业带动，市里推行“龙头企业 + 贫困户”“专业合作社 + 贫困户”“产业联盟 + 贫困户”等发展模式，为贫困户提供“订单式”帮扶，帮助贫困户扩大种植、养殖规模，实现稳定增收脱贫。全市农业龙头企业共带动 2352 户贫困户脱贫，约占贫困户总数的一半。

以农业龙头企业为抓手，鼓励贫困群众将耕地、山林、茶园、果园等资源，以租赁、转包、入股等形式进行流转，将零散的资源集聚整合，将分散弱小的贫困户纳入现代农业产业体系，推动资源变资产、资金变股金、农民当股东。

在金融扶贫方面，市、县共设立了总额 5700 万元的扶贫小额信贷风险担保金，累计为 2895 户贫困户发放贷款 1.48 亿元，满足其产业发展起步阶段的资金需求。同时，各级财政累计安排资金 1200 万元，用于开展“扶贫济困春风行动”，帮助贫困户发展产业项目。

就业“扶起来” 兜底“托起来”

市、县通过各种手段帮助贫困户联系合适的工作岗位，为 4467 名贫困劳动力办理《就业创业证》，享受与城镇居民同等的就业创业扶持政策。对招用贫困劳动力的企业，按福州市城乡居民社保最低缴费标准的 50%，给予 3—5 年补贴。

结合“幸福家园工程”示范村、美丽乡村建设等，就近就地开发保洁、保安等公益性岗位 1150 个，用于安置 842 名不便于外出务工的贫困劳动力，实现在家门口就业。通过“雨露计划”等，提升贫困户的就业创业能力，累计培训贫困户 1.8 万余人次。

开展医疗保险和医疗救助脱贫，把贫困人口全部纳入新农合保障范围，对个人缴费进行全额资助。在全省率先启动家庭医生签约贫困户工作，385 个家庭医生团队、779 名乡村医生签约贫困人口 1.23 万余人。为贫困户购买商业健康保险，对 5 种重特大疾病进行专项救治，贫困户个人实际报销比例可达 95.3%。

对无法依靠产业扶持和就业帮助脱贫的贫困户，提供政策性兜底保障，将符合条件的 2612 名贫困人口全部纳入低保范围。提高低保标准，2018 年福州市农村低保标准提高到每人每年 8400 元。

针对因病、因残、因灾等突发性事件造成生活困难的群众，做好扶贫开发与社会救助相衔接，构建防止返贫机制。截至 2019 年 10 月底，全市认定农村困难边缘群众 204 户、572 人，给予有效帮扶和救助，确保不出现返贫现象和新增贫困。

资金“管起来” 力量“合起来”

为对各类扶贫资金进行有效管理，福州创新提出“互联网 + 监督”的模式，建设福州惠民资金网，将各类扶贫资金“晒”在网络上，实现了资金到户情况全过程监督。

通过数据比对分析，纪检监察部门精准监督，筛选出不符合发放的对象和资金，责令相关部门核查整改。截至 2019 年 10 月底，共发现疑似违规违纪问题线索 171 个，查实 138 件，对 43 名党员干部进行立案审查，发挥了教育和震慑作用。

让扶贫力量合起来，全市各级各部门紧密结合各自职责、职能，制定出台帮扶政策，整合资源投向扶贫一线。市直有关部门对中央和省、市出台的扶贫开发政策进行全面梳理，列出 108 项政策“干货”，逐条对接到户，发挥扶贫政策最大效应。

开展“双联双扶”活动，全市108个市直单位党组织与200个贫困村建立联系，帮助引进扶贫项目378个，落实各类资金约6550万元，有力促进贫困村党组织抓班子、强基础、促脱贫。依托“党员志愿者服务”这个载体，将志愿服务从城市社区扩展到农村脱贫攻坚战场。

汇聚社会力量，深入实施“百企帮百村、百会联百村、百侨帮百村”工程，组织169家企业帮扶129个贫困村、105个商会（协会）联系94个贫困村、100位华侨帮扶100个贫困村。成立福州市扶贫发展基金会，首批企业捐赠筹款达7000万元，营造全社会助力脱贫攻坚的良好氛围。

让每个贫困群众都更有尊严地生活

——安徽省泗县产业带动造血式扶贫纪实

杨丹丹　杨秋秋

隆冬时节，一轮寒潮让皖北大地气温骤降。皑皑白雪中，如火如荼的扶贫产业正孕育着勃勃生机。

近年来，安徽省泗县立足资源禀赋，让产业扶贫挑大梁，积极探索依托产业带动的造血式扶贫，拓展出了全方位引动发展、立体式助力脱贫的产业扶贫新路子，形成了“户户有增收项目、人人有脱贫门路”的扶贫新格局，让产业发展真正成为贫困群体自我发展和增收致

工人在泗县大庄镇一扶贫车间内加工产品包装袋

富的“希望工程”。

让有劳动能力的自主发展 既拿工资又拿分红

泗县作为国家级扶贫重点县之一，基础差、底子薄，传统农业没有出路。如何因地制宜培育产业？产业扶贫扶持谁，谁来扶，怎么扶？

“破题”势在必行。泗县创新实施“四带一自”产业扶贫模式，即园区带动、龙头企业带动、农民合作社带动、能人大户带动和贫困户自主发展，提升贫困群众脱贫致富“造血”功能取得明显成效。

“以往家家守着一亩三分地，不能抛荒，种又种不出什么花样。现在合作社统一流转建大棚，俺们跟着干。两个棚一年能挣一万多。”泗县屏山镇屏北村建档立卡贫困户张文成告诉记者，自己将土地承包给泗县富民农业合作联合社，并以劳务入股的方式在合作社承包大棚。平日里，他负责两个大棚的管理工作。大棚收获后，按照收益的40%兑现给他。若遇到市场行情等因素致使收益较低时，合作社则按1000元的标准对他进行保底。“哪想过有一天咱还能成为‘股东’，既拿工资还拿分红，脱贫致富越来越有奔头！”

“沾了好政策的光！我在园区上班，十几分钟的路程，照顾丈夫和孩子都不耽误。”在泗县经济开发区和佳医疗用品科技有限公司，返乡就业的贫困户蒋凤详说，这家企业招聘要求学历为大专以上，考虑到她是贫困户，就对她降低了门槛。“工作8小时，月入4000元，保险、加班费样样不少，我一个中学毕业生，竟然端上了白领的饭碗！”蒋凤详满脸幸福。

泗县农口分工委相关负责人说：“泗县依托‘南北’两个扶贫产业带，以航天科技农业产业园和16个扶贫产业基地（产业园）为核心，在发展脱贫产业的同时帮助有发展能力、发展愿望的贫困群众就业，推进精准扶贫实现从‘输血’走向‘造血’。”

截至2019年初，全县65个贫困村实施项目98个，实现到村项目全覆盖；到户项目19526个，覆盖贫困户17163户，项目覆盖率80%；65个贫困村都分别建设特色种养业扶贫基地；发挥带动作用的新型农业经营主体448个，带动贫困户20873户，带动比例97%；全县特色种养业扶贫项目财政资金累计投入1206万元，户均财政支持5626元。

让弱劳动能力者居家就业　做力所能及的手工活儿

精准扶贫，关键在人。产业扶贫让贫困户发挥自身专长，实现就业创业是重要一环。不同于浩浩荡荡的流入大中城市的中青年民工，留守在家的贫困村民大多年老体弱，他们无法离乡、无业可扶、无力脱贫，成了扶贫路上难啃的“硬骨头”。

“我家光荣脱贫，应该给这些亮晶晶的珠串摆件记上一功！”泗县大庄镇沿河村朱敏说话间，手上正在编织的发财树饰件很快有了模样。

40岁的朱敏，是泗县大庄镇沿河村人，因患强直性脊柱炎致残，是村里的建档立卡贫困户。好在天无绝人之路，朱敏参加了农村电子商务培训班，并在网上自学了手工编制。在她的工作室内，大到一米多长的壁挂，小到几厘米长的手机挂件……几十种花样、近百个物件，摆满了两个三层的货物架，在网上每件可售几元到几百元不等。

“不蒸馒头争口气，我挣的不仅仅是钱，还有脸面。”朱敏说，靠自己的双手增加收入，证明了自己不是“安”于贫困、依赖政府的贫困户，让自己更有尊严地生活。

在泗县农村，许多具有一定劳动能力的老弱病残人群，虽然受到身体条件的限制不能外出到工厂上班，但一样有着强烈的就业愿望。

“为了给因身体条件和家庭条件受限、无法外出务工的贫困群众找到‘生财’之路，我们通过多种渠道鼓励扶持贫困群众从事力所能及的手工活，实现居家就业。”泗县优秀巾帼帮扶人、县人大代表刘秀告诉记者，就业压力与“招工难”现象并存，不少企业已有外发订单、委托老弱病残群体从事加工服务。“我创办的皮筋加工厂，可吸纳50多名工人，其中有贫困户10余名，月增收1800元左右。”

“单纯依靠各种补贴，不是稳定脱贫的治本之策，关键还是要激发贫困群众脱贫的内生动力，鼓励扶持贫困群众灵活就业。”泗县大庄镇党委相关负责人说，开设扶贫工厂，引入企业力量与有一定劳动能力的贫困群体结对互助，引导贫困劳动者就地就近就业，是精准扶贫工作不可或缺的关键环节。

让无劳动能力者“坐享”其乐 生活有保障 精神有尊严

脱贫路上不落一户、不少一人。社会保障如同一张安全网“兜”起了各类人群幸福生活的底线，确保兜底人口生活有保障、精神有尊严，共享脱贫攻坚成果。

泗县创新实施“3+5+1”养老服务模式，提高基层基本公共服务集约水平和服务水平，打造县、乡养老、托残、医疗“三位一体”养老服务中心，建成“五合一”村级养老分院，同时在村部或“五保”、独居老人集中居住地建设养老服务站，开办“幸福食堂”，实现农村特困人群应托尽托、应养尽养。

“这里什么都有，吃的喝的都不要我们操心，还专门有人来给我们理发、修剪指甲。”在长沟镇朱彭村养老托残医疗五合一服务中心，78

岁的范永彪开心地说。老人因为脑血栓导致腿脚不灵便，被村里集中安置住进了“五合一”服务中心。在这里，老人们互相照应，一起晒太阳、拉呱、锻炼锻炼胳膊腿，日子过得悠闲舒服。

“贫困老年人、‘五保户’、残疾人是一个特殊的贫困群体，需要有更专业精准的扶贫服务。”泗县民政局负责人告诉记者，泗县强化政策保障，通过为老人提供集医疗、食宿、文娱等于一体的综合服务，把众多家庭从照顾“五保”、重残、独居老人中解放出来，放心地通过发展生产和外出务工增加家庭收入，实现稳定脱贫。

此外，泗县还通过特困供养保障一批，农村低保和社会兜底保障一批，发放孤儿、残疾人和高龄人补贴保障一批，大病医疗救助保障一批，因灾救助保障一批，临时救助保障一批等六大体系，做到了对全县困难群众基本生活全覆盖、无死角救助。

精准扶贫，关键在人。让贫困群众因地制宜发挥自身专长，是贫

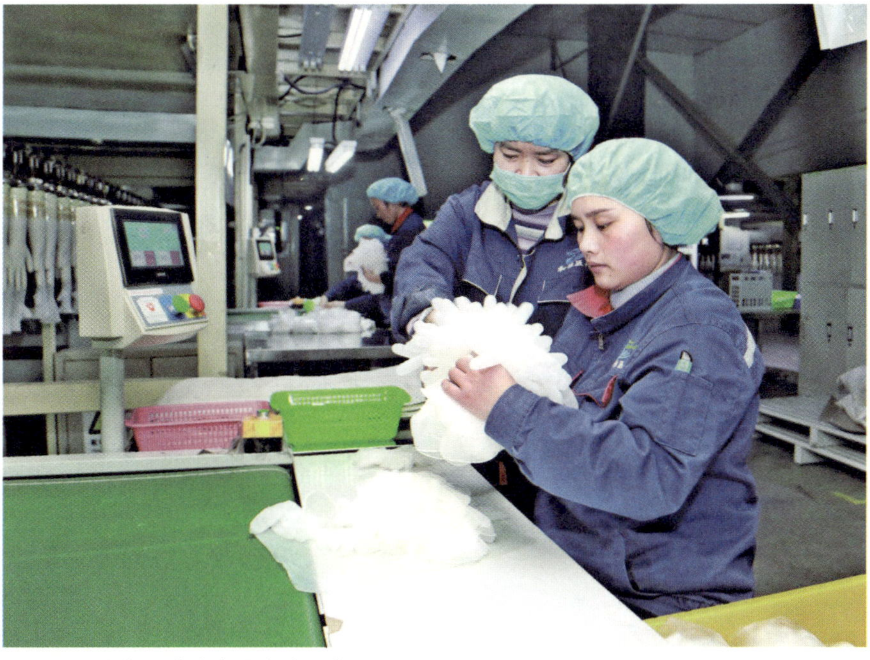

泗县工厂技术人员对贫困户进行实操培训

困地区开展产业扶贫的关键。安徽省泗县在产业打造上，根据贫困群众的自身条件量体裁衣，激活贫困人口的“造血功能”，让有劳动能力者各谋其业、让弱劳动能力者各尽其能、让无劳动能力者各享其乐，不让一个贫困群众掉队，增强了产业扶贫的辐射力和覆盖面，使更多贫困群体共享产业发展带来的“红利”。

实招有实效　脱贫劲头足

——广西南宁市创新脱贫攻坚工作机制纪实

高　飞　巩淑云

隆安县粤桂小学的学生在操场上玩耍

初冬，北国已然飘过了初雪，地处南方的广西南宁，依然青山绿水、四季常青。在这座素有“半城绿树半城楼”美誉的“绿城”中，有广西最繁华的商业街，也有著名的青秀山景区引人入胜。

大自然既眷顾了南宁，也给这座美丽“绿城”出了一道难题。南宁下辖的马山、上林、隆安 3 个县，因为处于石漠化地区，依然深度贫困。

自中央打响脱贫攻坚战以来，南宁市按照“核心是精准、关键在落实、确保可持续”的要求，上下一心，砥砺前行。自治区党委有关领导强调：“要坚持把脱贫攻坚作为头等大事和第一民生工程，深度贫困地区脱贫攻坚更是硬仗中的硬仗，必须整合扶贫资源，集中力量攻坚，重中之重在于抓落实。”

“立治有体，施治有序。”南宁市创新脱贫攻坚工作机制，在打赢深度贫困地区脱贫攻坚战中，探索出一套有创新、有亮点的新打法，让石漠化贫困地区变成了充满希望的“绿色原野”。马山、上林、隆安三县，在南宁市打赢深度贫困地区脱贫攻坚战中探索出许多好经验、好办法。

实施“两培两带两促”工作模式

养鸡找方姐、愁销路找方姐、找工作找方姐……这是上林县巷贤镇长联村村民几年来总结的“有困难找方姐”口头禅系列中的一段。这位方姐是谁？她就是上林县巷贤镇长联村的“女当家”——村党支部书记方桂红。方桂红所在的长联村是贫困村，有3000多人，贫困户229户、898人。全村耕地面积少，产业结构单一，青壮年男子大多外出务工，在家务农的多为农村妇女。

“火车跑得快，全靠车头带，作为村支书，我要先跑起来。”2014年，方桂红当选为长联村党支部书记，成立桂红生态养殖合作社，还创办起“方姐农家乐”。为了吸纳更多贫困户加入合作社，她还通过提供果树苗、技术、资金的扶持，提高贫困户参与的积极性。

“头雁效应”使上林县走出了一条独特的减贫带贫路子，为全国提供了可供参考的“上林经验”。贫困村创业致富带头人培育工作还被国务院扶贫办列入精准扶贫的十大工程。近年来，南宁市大力实施“两培两带两促”（培育创业致富带头人、培育扶贫产业；带动贫困村集体经济发展、带动贫困户增收脱贫致富；促进本土人才回乡创业、促进农村基层党建）的工作模式，推动致富带头人培育工程提质发展。根据南宁市贫困村创业致富带头人培育的工作部署，到2020年，全市平均每个贫困村要培育5名以上的致富带头人，截至目前已培育2058

人，实现全市421个贫困村全覆盖。作为能强力发挥“头雁效应”的工作模式，贫困户“群雁”能更快搭上脱贫致富的快车。

形成“携手奔小康”扶贫协作新局面

窗明几净的教室、干净整齐的宿舍、绿草如茵的球场……给孩子的，一切都是新的，一切都是最好的，这是占地60亩、办学规模达60个班的隆安县粤桂小学给记者的第一印象。承载着粤桂协作情谊的粤桂小学，向外界讲述着“粤桂合作育人才，授人以渔助脱贫”的故事。

2019年8月28日，粤桂小学隆重举行落成揭幕仪式，粤桂小学是隆安县易地扶贫搬迁震东集中安置区的配套项目，同时也是广东化州市与隆安县结对帮扶的粤桂扶贫项目。这个投资近两亿元的学校，得到了广东省对口帮扶的大量资金。除此之外，化州还选派22名优秀教师到粤桂小学任教。

在马山县，2019年广东省投入财政帮扶资金4156万元，电白区政府援助资金300万元，共实施建设粤桂“手携手·圆梦想”马山县易地扶贫移民搬迁工程省级示范点等17个项目。截至2019年11月底，项目已经支付4325.07万元，支付率97.01%，已完成项目15个，项目受益贫困村75个，受益贫困人口3万多人次。

南宁市从茂名市（含茂名籍）和珠三角地区（含广东籍）引导了19家企业到结对地区投资兴业，带动扶贫。其中12个项目已建成投产，9家企业建设了扶贫车间，吸纳了315名贫困劳动力到企业就业。马山、上林、隆安三个县共举办168期各类职业技能培训班，培训贫困家庭劳动力6233人次，通过打造粤桂扶贫协作人力资源市场线上直连平台和举办专场招聘会，帮助贫困家庭劳动力转移到广东省稳定就业2.3万多人……

"同饮珠江水，两广一家亲。"近年来，广东省茂名市所辖高州市、电白区、化州市分别与南宁上林、马山、隆安三个国家级贫困县结成帮扶对子。南宁市通过项目建设、产业合作、劳务协作和社会帮扶、创业致富带头人培训等举措，与广东省茂名市形成了多方位、多领域的"携手奔小康"扶贫协作新局面。

疏通协同作战的"最后一公里"

2018 年 4 月，南宁市脱贫攻坚战前线指挥部成立，它以"解决实际问题"作为唯一工作标准，精准有效推进全市脱贫攻坚工作。南宁市政府领导对脱贫攻坚战前线指挥部提出具体要求："必须把触角直接伸到县、乡、村，深入基层的'毛细血管'，疏通市、县、乡、村在脱贫攻坚工作中协同作战的'最后一公里'。""在基层扶贫工作遇到瓶颈的关键时期，前线指挥部及时成立，并帮助指导各县（区）排查问题、制定措施，进一步鼓足了一线扶贫干部的干劲和闯劲。"隆安县相关负责人说。

为了掌握基层一线脱贫攻坚工作的第一手材料，精确把住堵点、痛点和难点，截至 2019 年 10 月 31 日，脱贫攻坚战前线指挥部驻各县（区）工作组共计走访 620 个（次）乡镇、1289 个（次）贫困村、6785 户贫困户、182 个产业项目、140 个人饮项目、47 所学校、164 个卫生室；向县区有关单位及时反馈存在的问题，共计发放日常走访记录表 45 份，召开专题问题反馈会 31 次。

上林县三里镇大黄村建档立卡贫困户凌彩利收到的"礼物"是一张慢性病治疗卡。在马山、上林、隆安三个县，像凌彩利这样在家门口办好卡的贫困户有 8264 人。至 2019 年 6 月 21 日行动结束，近一个月时间，工作组走访了 3 个贫困县 32 个镇 413 个村的 5.7361 万户农户，比对331余万条数据，移交3个贫困县的问题共3724个，其中“三保障”及饮水安全方面的问题1964个。在市、县、乡（镇）各级的共同努力下，这些问题都一一得到了解决。

2019年7月，在全区计划退出贫困县脱贫摘帽工作调度会上，南宁市作为唯一设区市做了经验发言，南宁扶贫做法向全区进行推广。如今，在脱贫攻坚的“啃硬骨头”阶段，南宁将通过精准把脉、靶向施策，全力打赢脱贫攻坚战，让全市群众一起携手奔小康。

坚中之坚　脱贫有道

——新疆克孜勒苏柯尔克孜自治州脱贫攻坚纪实

龙　成

新疆克州阿图什市维吾尔族女孩在无花果示范园内采摘无花果

在新疆边境地区——克孜勒苏柯尔克孜自治州（以下简称“克州”）与喀什地区的交界处，左右两边一望无际的平原上，一片荒芜，杂草丛生。位于交界位置的这片盐碱地，既种不了瓜也养不了羊，任其自然荒凉，而整个克州地区，90% 的土地都是如此。

种植业、林业、养殖业都无法有效发展，土地利用率低，即使在这样恶劣的自然环境之下，居住在这里的少数民族人民群众们生活中依然洋溢着十足的幸福感。克州是深度贫困地区，是脱贫战役中的坚中之坚，在此等恶劣的环境下，克州要如何打赢打好脱贫攻坚战，笔者远赴新疆克州，进行了深入调研。

脱贫之志 要从“娃娃”抓起

再穷也不能穷了教育，再苦也不能苦了孩子。对于贫困户而言，教育可能是改变命运的最佳途径。

家在克州阿图什市松他克乡温克萨克村五小队的亚森·依不拉音，家中虽有几十亩地，但因为都是盐碱地，所以苹果、西瓜、蜜瓜等都种不了，穷得连棵树都没有。初中毕业后，他便跟着羊贩子走南闯北，后与来自库尔勒的左日古丽·英哈木提结婚。婚后，两口子用捡来的盆、瓶之类的容器，种上了盆栽花卉，并且像对待孩子一样照顾好这些花卉。渐渐地，花卉生意好了起来。左日古丽负责种，亚森负责销，俩人在一唱一和中也把市场慢慢打开了，收入也逐渐增长。依靠着卖花卉的收入，亚森夫妻二人培养出了三位大学生，其中老二老三都在国内重点大学里。

“对于孩子的教育，我们一直都讲从小立下志向，我们这里虽然穷，但是不能志短，孩子想干什么愿意干什么，我们作为父母一定给予全部的支持。”左日古丽告诉记者，“老大在新疆农业大学也是学的花卉专业，从大学里带回的技术，更帮助家里提升了花卉的种植质量。”

现在亚森家里的花卉生意越做越好，已经成了村里脱贫的典范。两口子对花卉的热情影响了很多人，看着亚森家幸福和谐的生活，村里许多年轻的女孩们都来到亚森的家里学习种植盆栽的技术。他们大多还是贫困户，而左日古丽也是手把手带着贫困户的孩子，每天还发劳务工资 150 元，亲自教她们一些种植技术。

无论多苦多难，也要让孩子把书读完，这也多亏了政府的政策。

“我们克州的学校现在已经实现了 15 年义务教育，比其他省份的 9 年义务教育都要长，涵盖了幼儿园、小学、初中、高中各个阶段，下一代的南疆人，学历最低也是高中毕业了。”克州地区扶贫办相关负责人说。

南疆地区教育义务年限长达 15 年，并且实行所有适龄学生全覆盖的教育体系。据统计，本地区深度贫困县（市）实际建档立卡在校生 30323 名，其中阿图什市 11841 名，阿克陶县 18482 名。

因地制宜　发展庭院经济

虽然大面积的盐碱地无法种植，但是绝大多数贫困户都有自己的宅基地，可将房前屋后利用起来，通过农家乐带动自家增收。

无花果是松他克乡阿孜汗村的特色林果产品，其果实鲜嫩多汁，香甜可口，是许多城市居民所钟爱的水果，很多村民家里都种有无花果树。但也因为无花果容易氧化、果实硬度不够、保存难度大、成品率低、鲜果无法被运输到北上广深等一线城市，也造成了村民收入大打折扣。

“1963 年的时候便开始建设这阿孜汗村无花果果园，一直到现在，摘果收益大概每年每亩有 2500 元。现在越来越多的游客周末开着车前来采摘，通过游客采摘最新鲜的无花果，每年每亩地的收入至少可以增长到 8000 元。现在我们村所管辖的 65 亩无花果示范园，扣除工资等运营成本每年为村集体创收至少 10 万元。”驻村书记孙智好说，“无花果果园的管理运营需要耗费一定的人力，所以也带动了 10 户村民的就业，劳动管理要从每年的 3 月一直持续到 11 月下旬，从开墩时追肥、整理枝条到浇水采收、冻土前埋土等工序都需要一定精细化程度的管理。”

无花果示范园的成功，带动阿孜汗村的家家户户都在自己的庭院里种上了无花果树，现在整个村种植面积加起来约 940 亩。

松他克乡相关负责人说，2018 年以来，阿图什市投入 888 万元，采取合理疏密、品种改良、水肥平衡、科学修建、品质控制、冻害防控、有害生物治理等措施，为无花果产业的发展保驾护航，2018 年无花果亩均增产预计至少增加 15%。另外，通过积极引进先进的复合气调保鲜技术，无花果原本 1 天的保鲜期提升到了 10—15 天；利用农村电商物流体系，整合南航、海航等航空落地配合顺丰、中通等快递航空件资源，打通了冷链运输通道。2018 年以来，线上向江西、上海、江苏销售 6 吨，销售额 530 万元，更激发了贫困户们种植无花果的积极性。

阿图什市相关负责人介绍，我们在种植无花果树的村民家里，以“四好三美一卫生”的标准，利用好贫困户房前屋后的有限空间，扶持发展“小果园、小菜园、小作坊、小棚圈”一体化的庭院经济，现在阿图什市在此带动了 1316 人增收。我们紧密与驻村工作队保持联系，积极发挥工作队的指导作用，帮助贫困群众转观念、拓思路、学技术，利用现有庭院规模，因地制宜，延伸发展蔬菜拱棚种植、牛羊和家禽养殖、地毯编织、手工刺绣等短期收益项目，做大做强庭院经济。

上阿图镇博伊萨克村吐尔逊·巴拉提家，利用 2018 年庭院经济项目补贴，在现有果园中，科学规划，形成了“屋后有圈、圈后有林、林中有地”的新型庭院格局，潜心向 80% 闲置土地要效益，在现有核桃树、杏子树、李子树下套种黄萝卜、恰玛古、皮牙子、莲花白等蔬菜，并养殖 40 余只土鸡；通过种植和养殖结合、自给和外销结合、经济和生态结合，实现年增收3000余元。

岗位离家近　挣钱顾家两不误

克州地区阿图什市地处高寒地区，有88.3公里边境线、15个重点通外山口，集南疆四地州整体贫困地区、特困山区、边境地区于一体，市域总面积1.54万平方公里，戈壁、荒漠占总面积的18.18%，生态环境十分脆弱。全市在边境管理区的乡有2个，均为深度贫困乡，19个行政村中就有11个深度贫困村，建档立卡贫困人口4391户17812人，其中未脱贫人口有1513户5986人。

阿图什市因地制宜，遵循“宜养则养、宜种则种、宜工则工”的发展原则，在生态条件艰苦的环境下大力发展工业园区、小微产业园，结合贫困村的资源，投入3074万元，发展产业扶贫车间63家和合作社36个，按照“基层党组织+专业合作社+致富带头人+贫困户”的产业发展模式给贫困户分红或提供就业岗位，实现就业1500余人，人均月收入1500元，带动209人增收脱贫。

三晋源土布文化有限公司在阿湖乡托万里村设立了扶贫车间，以传统手工织布的脚踏木板织布机为基础，形成了稳定的“公司+卫星工厂+农户”的老土布生产模式，公司除引导贫困人口到车间工作外，还结合本村实际，将织布机搬入贫困户家中，由公司统一发放丝线、按时回收布料，实现当地149名贫困家庭妇女不出门每月增加1000—2000元的经济收入。

据阿图什市相关负责人介绍，全市对贫困户进行全覆盖培训，满足企业、社会岗位的用工需求；建立1.1万名贫困劳动力转移意向台账，目前已累计培训1.5万人次；同时积极与内地省市、疆内企业进行劳务对接，深化劳务协作。

通过合作建设扶贫车间等劳动密集型经济组织，引导了730人实现在家门口进厂入社就业；通过土地清理承包收益，设立公益性岗位，300名贫困人口就业；适时举办用工企业招聘会促进岗位对接，有序组织2490名贫困人口参与交通、水利、住建项目工程建设，在家门口实现就业。为保证边境安全，设置护边员岗位，解决本地部分贫困人口的就业问题，在原有2059名护边员基础上，又新增800名，可实现1656人增收脱贫。

保证每户有一人稳定就业

郭　英　冯建伟　肖力伟

陕南，群山环抱，林秀草丰，溪流淙淙。这些场景对那些长年居住在大山深处的人来说，早已司空见惯。这种美给他们带不来任何价值，倒是贫穷、艰辛、泥石流与他们的生活如影随形。

易地搬迁，党的扶贫政策春风吹进他们的心田。一户户家庭、一个个村民走出深山。从此，他们的生活翻开了新的一页。

"搬出来了，一切都方便了"

2018 年从镇安县庙沟镇东沟村五组搬进云盖寺镇花园社区的蔡仕兴，说起搬迁前的日子，强调了一个字"难"：看病难、上学难、生活艰难。"搬出来，一切都方便了。"他开心地说。

为照顾蔡仕兴身体残疾的儿子，当地政府将他家的搬迁房安排在一楼，三口之家只出了 7500 元就住进了 70 多平方米的单元房。蔡仕兴多年前曾在西安卖过早点，正好利用一楼就开起了早点铺子，一个月下来，扣除成本净赚 4000 多元，第二年就脱贫了。他告诉记者，出门就能坐上车，水电气入户，社区内就有卫生所，生活要多方便就有多方便。

镇安县青铜关镇丰收村村民益得霞是最早一批从深山走出来的贫困户，那年搬下来后就开始学做豆腐。当时搬下来时，社区的人不多，加上农家乐还没现在这么火，她一天就只能做一锅 40 多斤，现在能做到五六锅。她每天下午两点多开始做，晚上九点左右做好，第二天凌晨五点多送到固定的农家乐、菜店。她说："现在，居住点集中，道路又四通八达，一两个小时就能送完，一年轻松挣到七八万元，3 个孩子都在外打工，不用我太操心，日子过得相当舒坦。"

要稳得住　就业增收是关键

搬下来就得稳得住，要稳得住，就业增收是关键。镇安县云盖寺镇花园社区在安置点建设社区工厂 18 栋，主要以电子产品、农特产品、服装加工厂等劳动密集型企业为主，可以为搬迁户提供 870 个就业岗位，带动 185 户贫困户稳定增收。

山阳县高坝镇的富桥社区安置点安置了易地扶贫搬迁对象 714 户 3027 人。"保证每户有一人稳定就业。"高坝镇党委书记杨浩介绍，安

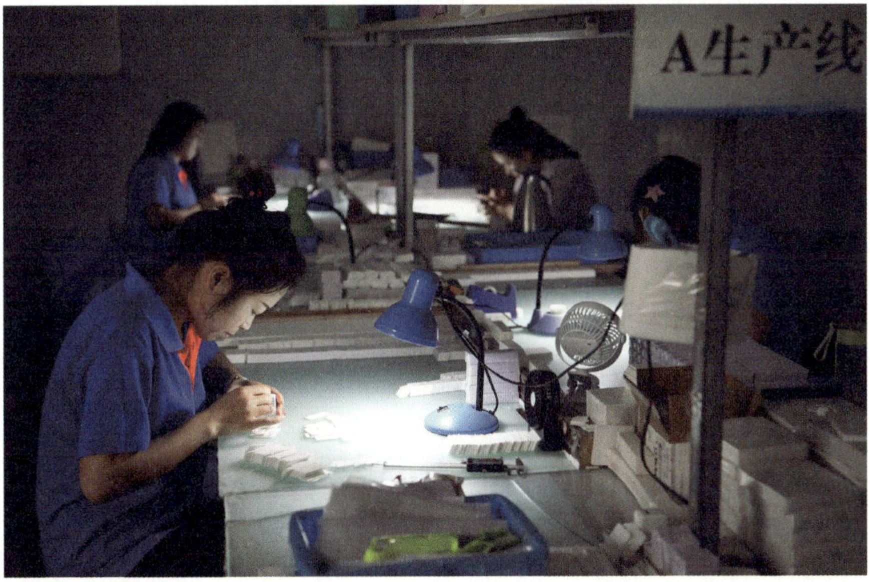

陕西镇安县云盖寺镇云镇社区一家社区工厂的工人在对电子陶瓷产品进行质检

置点依托产业园基地、生态采摘园、商贸流通和公益岗位等积极带动群众就业增收。同时，为了扩大劳务输出、就地就近转移就业，当地政府对劳动力进行了就业培训需求的调查，并据此开办相关的技能培训班。目前，高坝镇已经基本实现每户搬迁家庭都有一人稳定就业。

在富桥社区移民安置点的电子设备加工厂里，许多搬迁群众正在忙碌着。这里是一个耳机生产车间，今年30岁的牛小玲一边焊接耳机电源线一边说，原来她在家带孩子，自从有了社区工厂，她就在培训后来到此处上班，每月能赚2000元左右。

在汉阴县涧池镇紫云南郡易地扶贫搬迁社区的大门口，一副对联赫然醒目："易地安居感党恩奋斗不止，脱贫致富奔小康自强不息。"这个社区在国道附近流转1000亩土地，配套建设了一个农业产业园。政府为每户搬迁户送8000元作为股金入股园区，搬迁户可在年底分红。同时，每户搬迁户平均分配到一亩大棚，可自己经营，也可以托管给合作社。

从汉阴县漩涡镇朝阳村搬到紫云南郡社区的陈兴松陈敏两口子，都在合作社管理大棚，月收入加起来有6000元左右。他们还自己经营了一个大棚，种植一季圣女果收入9000多元，收入相当可观。

"既能就近上班，又方便照顾家庭"

从在山上种玉米谋生，到在金鸡扶贫产业园内就业脱贫，山阳县高坝镇过风楼社区村民高巧玲告诉记者，多亏了国家的扶贫政策，自家生活得到巨大改善。

2019年7月，高巧玲一家从附近山上的村子搬到高坝镇过风楼社区。根据易地扶贫搬迁政策，他们一家7口人住进三室一厅的房子仅需支付1万元的购置费。如今，高巧玲和丈夫都在高坝镇的金鸡扶贫产业园工作，她从事金鸡养殖，丈夫从事维修，月收入加起来有6000多元。她说："过去在西安找工作，现在和那时比，挣同样多的钱，不同的是现在既能就近上班，又方便照顾家庭。现在的生活比原来好很多。"

金鸡产业扶贫项目建设管理处负责人毛仪惠告诉记者，产业园项目直接和间接带动脱贫人口约3万人增收，其中除了在园区内就业的人员，还包括土地流转、物流、餐饮、收益分红等辐射带动的人员。

在平利县老县镇锦屏社区，一栋栋安置楼房整齐排列，社区工厂满负荷运转，到处是一派安居乐业的景象。在康士利毛绒玩具社区工厂内，村民张运弟指间针线飞舞。她笑着说："以前住在山上，收成看天，即使遇到好年景，一年下来也很难存下钱。现在搬到了锦屏社区，孩子上学方便，医院也近，楼上居住，楼下上班，每月能挣2000多元。"在她手上制作完成的毛绒玩具，不仅销往全国，还走向了海外。

从“去不得”到“了不得”

——来自贵州毕节三个深度贫困县的乡村调查

高　杨

高高的枪杆岩下，坐在自家老屋前，46 岁的王新宇第一次感觉身上的担子沉甸甸的。纳雍县财政专项扶贫资金对他领办的合作社注资改造，实行“村社合一、集体领办、农民入股、职业经理”的管理体制，全村 196 名贫困户全部入社。

贵州有句俗语：纳威赫去不得。说的是在贵州最贫穷的毕节市，还有三个县纳雍、威宁、赫章是“贫中之贫”，是国家级深度贫困县。近

村民在位于贵州省毕节市赫章县松林坡乡半边街社区的香葱基地里种植香葱

年来，毕节以“大党建”统领“大扶贫”，厚植党在农村的执政基础，广大农村迸发出脱贫致富奔小康的强大活力，取得了“了不得”的成绩。

架起连心桥
——“大党建”统领“大扶贫”

在枪杆岩村“新时代农民讲习所”中，讲习随时随地开展，内容涉及村民生产生活各个方面，并且形成了制度。这种讲习所遍布毕节4000多个村（居），成了干部群众的“连心桥”、党的方针政策的“宣传队”。

“打赢脱贫攻坚战，实施乡村振兴战略，靠谁来统领？唯有靠我们的党。只有厚植党在农村的执政基础，才能激发农民群众的内生动力，形成强大的凝聚力和战斗力。”毕节市委有关领导说。

为此，毕节不断建强党建“龙头”，深入实施后进村党组织整顿、活动阵地提升、“空壳”村清零、基层基础保障、基层减负、“范本”村创建、党建责任落实等七大工程。

“枪杆岩在2016年以前还是个空壳村，村集体没有收入，各项工作难开展，脱贫攻坚缺手段。”枪杆岩村支书杨军坦然道。脱贫攻坚战开始以来，枪杆岩村通过实施“三变”改革，村集体入股合作社享受分红，集体经济有了积累。

为使党的工作进一步向基层延伸，毕节结合脱贫攻坚实际，将党员50人以上的525个村党支部升格为党总支部，在产业链、合作社、村民组或自然村寨建立党支部，形成党总支连党支部、党支部连党小组、党员连农户的组织机制。

同时，选派万余名机关干部驻村帮扶，选配3650名村第一书记，实现1981个贫困村、219个软弱涣散村全覆盖，建立起“市级领导联系、各级部门包保、机关干部结对、驻村干部帮扶、社会力量参与”的党建扶贫集团帮扶模式。

依靠党建统领，2018 年毕节整顿提升 190 个后进村党组织，完成 2266 个村级活动场所建设，建立村社一体合作社 1585 个。将村干部报酬提高到每人每月 2000 元以上，空壳村从 2016 年的 67.5% 一举下降到 0，建立村（社区）党委（党总支）618 个，在村民组、自然村寨、产业链设立党支部 2107 个。2018 年减少贫困人口 25.86 万，贫困发生率降至 8.89%。

村社合一
——集体与贫困户抱团得双赢

近年来，毕节注重在返乡创业人员尤其是大学生中发展党员，王新宇如愿加入了党组织。1996 年从贵州大学计算机专业毕业后，王新宇曾在多家 IT 企业工作，年薪都在 20 万以上。2013 年他突然决定返回枪杆岩发展养鸡产业，“没想到离开多年的村庄还是那么贫穷，就想着自己上过学也在外闯荡过，一定能为乡亲们做点什么。”王新宇说。

从未搞过养殖的他经历过初创时的艰难，受禽流感影响也曾亏得血本无归，但凭借自己的学习能力和社会经验，他摸索出适用的鸡苗品种和防疫技术，如今每月光鸡苗就销售 1 万多只，一年能有三四十万收入。2016 年，王新宇联合 6 户农民成立了合作社，主要搞经果林种植。

2017 年，纳雍县大力推广塘约经验，组织试点村干部群众到塘约村学习。杨军等学习后决定以王新宇创办的合作社为基础，成立“村社合一”的合作社，把党支部建在合作社内，其于社员绝大多数是贫困户，通过扶贫专项资金对合作社注资扩股。

合作中，村“两委”负责把农民组织起来加入合作社，合作社把分散在各家的土地集中起来走集约经营、抱团发展的路子。截至2019年11月下旬，已流转耕地、林地近千亩，种植清脆李、红桃等近800亩，辣椒150亩，果树下套种银杏400亩。

作为村“两委”聘请的职业经理人，王新宇承诺不要工资、不拿报酬，只按股分红。合作社决定按社员60%、支付土地租金20%、村集体10%、理事长10%的比例分红。2019年，村民不仅拿到了500元每亩的流转费，很多人还到合作社打工，一年能赚一万多元。

在村委会，一块用红字写着“枪杆岩村美丽乡村产业发展有限公司支部委员会”的牌子格外醒目。看中了枪杆岩秀美的自然风光以及当年红九军团曾在此休整、作战的历史，纳雍县从2016年开始着重在此打造红色旅游景区，已投入3500多万元。

这些资金如何运营和管理，谁能受益？枪杆岩村成立了专门的公司，内部建立党支部，股东是全体村民。今年景区给该村带来收益40多万元。经过几年发展，枪杆岩从全镇经济最后一名一跃升到前列；以前村里70%的村民外出打工，如今大部分返乡创业。该村2019年脱贫153人。

在半边街社区，记者看到，早上六点天刚亮，冒着蒙蒙细雨，已有二三十位农民在贵州新农汇生态农业公司的香葱基地栽种小葱。村民采取计件工资制，每月可收入3000元左右；社区大部分劳动力都在基地务工。“在外打工收入并不高很多，开支也大，在家还能照顾老人孩子。”常年在浙江打工的赵雯夫妻俩都回到了家乡。

目前基地发展到5000亩、涉及6个社区，通过“政府＋村委＋贫困户＋公司”的利益联结机制，已带动518户1917名贫困户精准脱贫。基地按照“11235”比例分红，2017年农户土地入股分红206.23万元、贫困户“特惠贷”分红50万元、财政专项扶贫入股分红20万元、村级互助发展资金入股分红 4 万元、6 个项目涉及村集体经济积累 18 万元。700 户群众务工总收入 1260 万元，户均 1.8 万元。

周边塔土社区贫困户黄鹏光今年 70 多岁，以前和老伴儿靠种玉米和洋芋为生，如今到香葱基地打工后，两位老人一年下来收入 1.5 万左右。老人在干活儿时总是边干边唱：“窝绷大坝宽又宽，种上香葱我喜欢。政企合力发展好，群众不愁吃和穿。”

扶贫公益岗
——统筹乡村治理和就业扶贫

走进毕节山村，曾经的“脏乱差”现象几乎绝迹，通村组路、各家院坝硬化平整，少数民族风情的民居错落有致，房前屋后干净整洁……这些变化都离不开“十大员”。

毕节市将乡村治理和就业扶贫统筹考虑，创新开展了以“十大员”（护洁员、护林员、护路员、护河员、护校员、护医员、护厂员、治安巡逻员、养老护理员、其他员）就业扶贫公益岗位为主的“10+N 个一批”就业脱贫工作。

依托“毕节就业云”平台和就业扶贫“一卡一库一台账”，对“三无两有”贫困劳动力进行排查，发布就业信息，广泛动员贫困户参与。目前，全市新开发就业岗位 57157 人，共招募农民（绝大多数是贫困户）40650 人。

同时在工作中，毕节建立县级国有公益性就业扶贫劳务公司、乡镇设立劳务分公司或工作站、村组建就业扶贫劳务合作社三个层次，鼓励村党支部书记或村委会主任兼任劳务合作社理事长。截至 2019 年 11 月下旬，全市有劳务合作社 2057 个。同心社区是以“村社一体”合作社下设的劳务服务中心为管理依托，已转业就业 23 人。

枪杆岩村王军家里虽然不算富裕，但是门前通户路和院坝已经硬化，新盖起的三层小楼收拾得非常干净。他告诉记者，当年自己是因学致贫的贫困户，后来靠自己打零工以及妻子在村里做保洁员每月有800元收入，在2016年脱了贫。

毕节通过推进就业脱贫，努力实现“就业一人、脱贫一户”的目标。截至2019年11月，全市已安排40650名贫困劳动力就业，占之前未就业贫困劳动力的39.8%，带动12万人脱贫，为全市贫困人口的16.6%。

“生态管护员” 增收又增绿

郜晋亮　孙海玲

从达日县下红科乡达孜村搬迁至县城丹玛社区的索南卓玛，如今在政府的帮助下，在县扶贫产业园开起了一家化妆品店

盛夏的果洛，牛羊遍野，绿草如茵，远处的山峦上依旧是白雪皑皑。清晨的第一道曙光照耀在青海省果洛藏族自治州（以下简称“果洛州”）达日县易地扶贫搬迁安置的岭格社区和丹玛社区，红顶白墙藏式小楼绵延数里，成为县城一道新景观。

“阿妈，我去上班了。”一声告别后，叁旦卓玛走出丹玛社区的新居，朝着吉迈镇政府走去，这里是她上班的地方。

从帐篷房到小平房，再到今天的三居室楼房，从吃不上自来水到能洗上热水澡，从贫困户到奔小康，这样的转变源于易地搬迁政策的实施落地。2019 年 8 月，叁旦卓玛一家从吉迈镇龙才村搬迁到县城的丹玛社区，一家 5 口人住上了 80 平方米的三室两厅。

"现在我在吉迈镇政府上班，虽然还只是临时聘用，但我一直在努力，妈妈是生态管护员，弟弟妹妹上学也不收学费，我们一家的生活越来越好了……"叁旦卓玛爽朗的笑声里掩藏不住对新生活的满足。

在达日县，过去靠放牧为生的贫困家庭，如今有一部分和叁旦卓玛一家一样，住进了亮堂的新房，在家门口有了创业就业的机会，脱贫的底气越来越足。

脱贫摘帽 幸福花开

叁旦卓玛一家是这样，果洛州亦是如此。

小康路上如何不落一人？自党中央作出全面脱贫攻坚战略部署以来，果洛州紧紧围绕"两不愁、三保障"目标要求，因地制宜出台《果洛州深度贫困地区三年脱贫攻坚方案》等政策措施，层层建立以党政主要负责人为"双组长"的脱贫攻坚组织领导体系和责任体系，着力推进各项脱贫举措。

5 年来，果洛州累计投入 100.2 亿元，大力实施易地搬迁、产业扶贫、生态扶贫、行业扶贫和社会扶贫。通过一系列精准脱贫措施的有效落实，全州累计实现近 4.8 万名贫困人口稳定脱贫，74 个贫困村退出，6 个贫困县全部脱贫摘帽，贫困发生率从 31%降至 0，绝对贫困人口全部"清零"……小康路上，一首首富民赞歌经久不衰。

"如果把脱贫攻坚比作一场硬仗，对于达日县而言，易地搬迁是打赢这场攻坚战的关键。"据达日县扶贫局相关负责人介绍，从2016年至

2020年7月，达日县共安置建档立卡贫困户1960户7954人，将贫困群众搬到了自然环境相对较好、交通等基础设施便利的县城或乡村居住，生产生活条件得到了极大改善。

安居乐业两相宜

“我们把易地扶贫搬迁作为脱贫攻坚的重中之重，紧扣‘摸清底数，科学选址，细化工作，抓实就业，搞好服务’五个环节，高质量、高标准打造了一批精品易地搬迁小区（集中安置点），让贫困群众住上了安全舒适的易地搬迁住房，并先后整合资金20.36亿元，实施小区水、电、路、网及综合服务中心等配套基础设施建设，进一步提升了社区服务水平。”果洛州州政府领导介绍，同时积极搭建就业创业平台，科学选择扶贫产业项目，促进搬迁群众稳定增收，切实解决了“一方水土养不起一方人”的问题，确保群众“搬得出”“稳得住”“能致富”。

清澈的河水、灵动的格桑花，夏日的久治草原，平添了几许水光潋滟的“水乡”神韵。巡林、护河、清理河道垃圾……戴上“生态管护员”的红袖章，尼玛像往日一样出发了。

尼玛是久治县索乎日麻乡索日村的建档立卡贫困户，2017年，他成了一名生态管护员。在保护好家园的同时，每个月还有1800元的收入，是当地“生态管护+”模式的受益者之一。

增收增绿“两不误”，果洛州以“生态管护+”模式助力脱贫攻坚，始终坚持生态保护优先的理念，把贯彻习近平总书记“扎扎实实推进生态环境保护”的重大要求贯穿脱贫攻坚全过程，按照青海省委、省政府“一优两高”战略部署，紧紧咬住生态奖补、三江源国家公园体制试点和生态治理恢复项目工程的政策红利不放松，大力推动贫困群众转岗就业、稳定增收，让保护生态、建设生态成为群众稳定增收的有效渠道。

从前台服务员到酒店客房经理，26 岁的阳曲拉毛在黄河源酒店的“蝶变”见证了她的脱贫之路，也印证了那句“产业选对头，小康有奔头”。

阳曲拉毛是玛多县花石峡镇加果村村民，母亲体弱多病，兄妹还在上学，家中仅靠几头牛羊放牧为生，是建档立卡贫困户。2018 年，她从西宁市城市职业技术学院毕业后来到县城，在县产业扶贫园的黄河源大酒店做前台服务员。

2019 年，由于业务能力强，她被提升为客房经理，工资也从最初的每月 3500 元增加至每月 5000 元。如今，她的丈夫也在黄河源大酒店谋得了一份保安的工作，每月 3000 多元的工资。

一人就业全家脱贫

地处三江源核心腹地的玛多县平均海拔 4200 米，这里自然条件严酷、产业单一、就业渠道狭窄。面对这样的发展困境，玛多县瞄准产业扶贫和就业扶贫，依托玛多县扶贫产业园，按照“扶贫资金跟着贫困户走、贫困户跟着产业走、产业跟着市场走”的思路，充分利用贫困户扶贫资金，建立健全“扶贫产业园 + 企业 + 贫困户”产业扶贫模式，通过增加就业岗位，寻找就业出路、增加内生动力，将“输血”和“造血”相衔接，实现稳定脱贫。

挖掘资源优势，发展特色产业，扶贫造血功能不断提升。果洛州始终把产业扶贫作为增强贫困地区造血功能、帮助贫困群众就地就业创业的长远之计，累计投入贫困人口产业扶贫资金 3.8 亿元（人均达 1 万多元），积极培育和发展生态农牧业、特色资源开发、民族手工业、商贸住宿服务、光伏、旅游等扶贫产业，带动贫困人口稳定增收。几年来，在扶贫龙头企业和扶贫专业合作社的带动下，贫困群众的“钱袋子”持续鼓起，全州农牧民人均可支配收入年均增长 11%，其中建档立卡贫困人口收入年均增长 19%。

脱贫不返贫，要靠志和勤。着眼于“携手共建小康、人民幸福安康”目标，果洛州以全国民族团结进步示范州创建为契机，不断加大贫困地区基础设施投入力度，持续改善群众生产生活条件，让老百姓充分感受到党和国家的温暖，享受到党的好政策带来的丰硕成果。同时，深入实施“志智双扶”，积极引导贫困群众主动参与家园建设，靠自身努力勤劳致富，实现了贫困群众从“要我脱贫”到“我要脱贫”的思想转变，群众脱贫致富的愿望更加强烈。

中国扶贫基金会带出“扶贫新农人”队伍

龙　成

小兵农民专业合作社社员展示采摘的苦豆蜜瓜

贫困地区的扶贫产业发展，要解决的无外乎就是“钱从哪里来、谁来干、干什么”等几大核心问题。而其中“谁来干”的问题，又是关系扶贫产业发展的关键。

有这么一群人，他们在贫困农村地区出生成长，而后离开家乡到城市去发展。他们有见识和阅历，有干事创业的热情，更有对家乡的热爱和对“三农”事业天然的亲近感。在乡村振兴和脱贫攻坚中如何更好地发挥这些人的聪明才智？为此，中国扶贫基金会专门开设了“扶贫新农人”培训项目，旨在为返乡创业的有志青年提供平台与资源。近日，记者走进中国扶贫基金会“扶贫新农人”项目营地，实地探访这些“扶贫新农人”的返乡故事。

丰富培训课程　理论与实践结合

前不久，记者走进在中国农业大学举办的“扶贫新农人”能力建设第一期培训班，来自全国各地的首批100名“扶贫新农人”齐聚在此。从学员名单中，记者发现他们有的是村主任、合作社理事长，还有大学毕业返乡创业的青年朋友，都有着丰富的人生阅历。

据项目相关负责人介绍，“扶贫新农人”能力建设第一期培训班的学员全部来自深度贫困县市，而且都是从政府推荐和自愿报名的名单中筛选而来，课程从7月13日到16日，一共持续4天时间，由中国农业大学提供智库与教学硬件支持，来自联合国粮农组织、各领域的专家教授进行授课，课程包含如何经营合作社、农业产业经营创新案例、农村发展政策解读等内容。在“新农人”回乡发展的过程中，项目还将为学员建立指导导师机制和项目配套服务，做到“扶上马，再送一程”。

“课程内容挺丰富的，而且形式也很新颖。让我感受最深的课程就是合作社在未来农业发展中的作用，坚定了我们带领农户走抱团发展的路子；坚持做好品控管理也让我们受益匪浅，回去后，我们要在保证盐源苹果产品品质和质量的同时，对接更多优质平台来提高我们产品的知名度和社员的收入。”课程结束后，来自四川省凉山州盐源县龙洞湾苹果专业合作社理事长赵兴志跟记者说。

2011年，赵兴志因父母身体原因，从山东青岛海尔集团的中层管理岗位辞职回到了大凉山。见过大世面，有管理经验，赵兴志被选为盐源县梅雨镇树子洼村党支部书记。经过反复考察调研发现，在大凉山海拔 2300 米高度种植的高原苹果，甜度适宜、生态有机，有着广阔的市场前景。为此，赵兴志毅然决然地带着乡亲们上山种植苹果树。目前，全村苹果种植面积已经发展到了近 7000 亩，促进了盐源县苹果产业的兴起，苹果种植成为带动盐源乡亲们脱贫致富的支柱产业。2018 年 1 月，赵兴志获得全国“五一劳动奖章”。

用好平台资源　荒漠种出致富甜瓜

在“扶贫新农人”第一期培训课程结束后，记者跟随其中一位培训学员闫小兵来到了他的“新农人”产业基地——位于新疆哈密市巴里坤哈萨克自治县三塘湖镇的甜瓜种植专业合作社。

刚一走进村里，村民们都微笑着同闫小兵打招呼。“3 年前可不是现在这样哦，2015 年，我从克拉玛依油田辞职回乡种瓜创业，大家都不看好，家人也极力反对，不过我信念十分坚定，后来一看怎么解释也不顶用，先干起来再说！经过 1—2 年的摸索苦干，大家看到能挣钱了，不仅不反对，反而都开始跟着我一起种起了甜瓜。”闫小兵回忆道，“开始时甜瓜怎么都吃不出小时候的味道，后来才知道是化肥农药使用过量，经过反复试验，才找到种出好甜瓜的‘秘方’——用羊粪做底肥，苦豆子发酵后，把生成的汁液洒入瓜地，这样种出的瓜颜色金黄，口感脆甜，平均糖度能达到 15 度以上，这就是我们现在的苦豆蜜瓜。”

当记者问到为何要用苦豆种瓜时，闫小兵解释说：“我们用这个苦豆汁当瓜的肥料，这样种出的瓜，不仅抗病性强，而且无须施用农药和化肥；并且我们采取一蔓一瓜的种植技术，每一根蔓藤都只保留一个品质最优的瓜。所以说我们的苦豆蜜瓜从口感上、营养上等各方面都是很好的。”

酒好也怕巷子深。甜瓜的品质虽然没得说，但种出来了卖给谁，怎么卖，这困扰了闫小兵很长时间。

“得益于中国扶贫基金会和中国石油天然气集团公司对合作社和我个人的帮助，困扰我多时的甜瓜销路问题终于得到了有效解决。通过参加各种专题培训，在专业老师的指导下，我们瞄准高端市场，哈密瓜定价在 98 元一份（两个），全国各地包邮，而且只有应季才能吃得到。采用饥饿营销法，增加了合作社和客户之间的黏性。目前，我们的产品已经形成一批较为稳定的线上高端客户群。”小兵自信地告诉记者。

现在正是新疆哈密瓜的采摘季，记者看到，排在合作社仓库发货点的大货车络绎不绝。小兵给记者算了一笔账，今年甜瓜产量约有 600 吨，全部销售出去，营业收入可以达到 1200 万元左右。父老乡亲脱贫致富就更有底气了！

推进项目服务 “引”人才精准发力

记者观察到，中国扶贫基金会的“扶贫新农人”项目有三个特点。一是学员筛选精准。参加培训的学员大多来自深度贫困县区和“三区三州”地区，而且都是在本乡本村从事农业项目的青年代表，有着强烈的致富和发展热情。二是项目设计精准，不仅有“3+1”的课程设计，还有后续实践跟踪指导、项目资金和资源配套。三是项目服务专业。“扶贫新农人”项目不是一个单一的培训项目，而是以提升学员的能力为目标，通过理念引导和项目配套，实现“一个人、带一个组织（合作社）、带一个产业”的扶贫模式；同时，扶贫基金会由有丰富农业农村工作经验的成员组成专门的工作团队，负责项目的服务和推进。

四川省石棉县坪阳黄果柑专业合作社理事长王志伟是这次参加培训的“新农人”代表之一。王志伟退伍后一直在家乡从事黄果柑的生产种植，2010 年，他带领 6 个村民成立了石棉县坪阳黄果柑专业合作社，到2013年合作社社员已壮大到484户。随着社员的激增，社员之间出现了“有利就上、无利就让”的矛盾，逼得他不得不思考合作社未来的发展方向。

2015年10月，中国扶贫基金会同石棉县人民政府签订“互联网+扶贫”战略合作协议，黄果柑成为中国扶贫基金会助力石棉产业扶贫的重点项目。中国扶贫基金会的介入，让他看到了合作社的发展新机遇。在中国扶贫基金会和项目工作人员的帮助下，2016年9月，合作社完成股份制改造。

2018年3月，合作社产地仓储配送中心投入使用；2018年12月，合作社仓配中心冷库配套设施项目启动；2019年2月，引进国内领先的分级分选设备，合作社产业链条不断扩展。同时，在中国扶贫基金会的支持下，先后有杨幂、刘恺威、陈妍希等影视明星公益助力石棉黄果柑的宣传和推广，一时间，石棉黄果柑声名远扬。借力影视明星的宣传，2019年4月，合作社黄果柑销售突破560万斤。

“因为中国扶贫基金会的帮扶，合作社实现了生产技术标准从无序到统一的转变；不仅如此，合作社的组织运营能力也得到了提升。现在合作社辐射带动全乡4个村的农户种植黄果柑，帮扶55户建档立卡贫困户脱贫增收！”王志伟告诉记者。

中国扶贫基金会有关负责人告诉记者：“‘扶贫新农人’的培养目标就是引导支持，把本土人才‘引’回来；体系赋能，让本土人才‘强’起来；创造条件，使本土人才‘留’下来；提高责任感，把父老乡亲‘带’起来。这个项目是中国扶贫基金会乡村发展类项目中的一大创新举措，我们主要就是为了在贫困地区的乡村培养一批爱农村、懂技术、善经营的本土人才队伍，通过系统性能力建设培训并整合社会资源，支持他们投身乡村振兴，助力脱贫攻坚，为脱贫攻坚和乡村发展贡献青春、智慧和力量。他们是未来农村的希望！”